SOUVENIRS

DE LA

GUERRE DE LOMBARDIE.

IMPRIMERIE DE COSSE ET J. DUMAINE,
Rue Christine, 2.

SOUVENIRS

DE LA

GUERRE DE LOMBARDIE

PENDANT LES ANNÉES

1848 ET 1849

Par

M. DE TALLEYRAND-PÉRIGORD,

DUC DE DINO,

Capitaine d'état-major de Sa Majesté le Roi de Sardaigne, Membre honoraire de l'Académie Val d'Arnese del Poggio de Sienne, Commandeur de l'ordre de Saint-Lazare et Saint-Maurice de Sardaigne, etc.

PARIS,

LIBRAIRIE MILITAIRE DE J. DUMAINE,

(Ancienne Maison Anselin)

RUE ET PASSAGE DAUPHINE, 30.

1851.

AVERTISSEMENT.

Cet ouvrage est extrait de lettres que j'écrivais au fur et à mesure des événements qui se passaient sous mes yeux. En le faisant imprimer, j'ai pensé que le public lirait avec intérêt divers épisodes de la guerre italienne racontés par un témoin oculaire auquel sa position, essentiellement temporaire dans l'armée sarde, n'ôtait rien de son indépendance.

Je n'ai rien voulu changer aux réflexions contenues dans ma correspondance ; je me suis contenté de les grouper autour des faits qui me semblaient les plus propres à leur servir de point de départ.

Je n'ai point la prétention d'avoir écrit l'histoire des graves événements dont parle ce livre : mais j'ai celle d'avoir été vrai dans l'exposé de mes impressions et de n'avoir fait que rendre la justice qui lui est due à l'armée dont j'avais l'honneur de faire partie.

Duc de DINO.

Valençay, ce 14 décembre 1860.

GÊNES.

CHAPITRE PREMIER.

GÊNES.

Pendant les premiers mois qui suivirent la révolution de Février, les dangers dont l'ordre social était menacé firent un devoir à tout homme d'honneur de se dévouer au salut de la chose publique. Une constituante allait être convoquée; il était important que les hommes d'ordre unissent tous leurs efforts afin de rendre moins mauvais, s'il était possible, les choix qu'allaient faire des populations travaillées par les plus méprisables agitateurs.

Je me rendis immédiatement dans mon département, afin

d'y prendre part aux luttes électorales. Ce devoir une fois accompli, ne voyant plus aucune sphère d'activité ouverte devant moi, je ne crus pouvoir mieux employer le temps qui devait s'écouler jusqu'à la convocation d'une assemblée législative, qu'en satisfaisant le vif désir dont j'avais toujours été animé, celui d'assister aux péripéties d'une grande guerre.

Chaque jour, la lutte gigantesque entreprise par l'Italie pour recouvrer son indépendance s'agrandissait par de nouveaux succès. M'étant lié d'amitié avec plusieurs Italiens pendant mes longs séjours dans la Péninsule, je pouvais espérer un accueil favorable dans l'armée piémontaise ; ce fut donc vers l'Italie que se tournèrent toutes mes pensées, et, le 15 mai 1848, je partais pour me rendre en Lombardie.

Sur la route de Bourges je fus frappé d'une certaine émotion qui se manifestait parmi les employés du chemin de fer, et j'eus un vague soupçon qu'un mouvement pouvait avoir eu lieu à Paris. Ce soupçon ne fut changé en certitude qu'à mon arrivée à Marseille.

A Lyon, je trouvai encore la ville au pouvoir des Voraces. Ce n'était point avec l'orgueil de l'hidalgo espagnol, mais avec un cynisme insultant qu'ils étalaient leurs haillons et se pavanaient, le fusil sur l'épaule, dans tous les lieux publics. La vue de ces maîtres de la seconde ville de France m'inspirait un profond dégoût.

En descendant le Rhône sur le bateau à vapeur, je fis route avec une bande de volontaires italiens. Leur tournure ne rappelait que trop celles des Voraces lyonnais, et les propos de ces fiers champions de l'Italie étaient peu propres à accréditer la cause qu'ils allaient défendre.

Parmi eux pourtant je distinguai un jeune homme, dont le maintien réservé et la mise décente faisaient un heureux contraste avec les allures dévergondées de ses compagnons. Il causait de préférence avec un homme de haute taille, à barbe longue, noire et touffue, ayant la tête couverte d'un chapeau pointu, à qui une épée de théâtre à poignée d'acier, agrafée par-dessus une redingote brune trop étroite, donnait un aspect des plus grotesques. Sans la plume verte, blanche et rouge (1) dont était orné son chapeau, je l'eusse pris pour un comédien ambulant.

Ces deux personnages ayant appris, je ne sais comment, qui j'étais, ainsi que le but de mon voyage, s'approchèrent de moi. Leur conversation m'eut bientôt prouvé qu'ils n'étaient dépourvus ni d'esprit ni de politesse. Après une heure environ d'entretien, le plus jeune m'offrit, au nom de la bande, de me mettre à leur tête. Je déclinai immédiatement une telle mission ; il parut deviner la cause de mon refus et, loin de s'en montrer offensé, il tâcha de relever ses compagnons dans mon estime. Alors le colloque suivant s'établit entre nous.

---

(1) Ces trois couleurs sont celles qui furent adoptées pour composer le nouveau drapeau italien. Elles se trouvent disposées comme les couleurs du drapeau français, le vert remplaçant le bleu près de la hampe.

— « Je ne veux pas mettre en doute, lui dis-je, la bravoure et le patriotisme de vos amis, mais je les entends parler de tout massacrer, même les princes aujourd'hui placés à la tête du mouvement italien, et je préfère me battre en société de gens plus calmes et plus civilisés. Quant à vous, monsieur, je ne vous donne pas deux jours d'Italie pour vous séparer de cette horde, digne tout au plus de figurer derrière une barricade; cela fait, vous viendrez au camp où je vous reverrai avec un véritable plaisir. »

— « Je ne le crois pas, monsieur, me répondit-il ; en quittant l'Amérique où je m'étais réfugié pour me soustraire à un joug honteux, je ne reviens pas dans mon pays pour seconder les desseins ambitieux d'un prince dont la sincérité m'est suspecte. Milan veut la République et non pas un maître, peut-être bientôt plus oppresseur que les Autrichiens. »

— « Comment pouvez-vous espérer l'affranchissement de votre pays avec de pareilles idées? Vous me parliez tout à l'heure d'unité, et déjà vous êtes plein de défiance vis-à-vis du chef illustre qui a pris en main la défense de la cause italienne. »

— « Vous pensez donc que Charles-Albert veut réellement la liberté de l'Italie? »

— « Je suis convaincu, il est vrai, qu'il veut agrandir le plus possible ses états; mais comme il a donné à ses peuples une constitution excessivement étendue, il devra en agir de même avec ses nouveaux sujets. Maintenant, dites-moi, quel est ce matador avec qui nous causions tout à l'heure, et dont l'épée semble avoir été dérobée au vestiaire du Théâtre-Français. »

— « Eh, mon Dieu ! c'est un homme de lettres, un libraire italien établi à Paris. Il a tout quitté pour aller servir la cause commune, et ayant été nommé lieutenant dans notre petit convoi, il a ceint, faute de mieux, une épée de marquis. »

Je demandai alors à M. Gonzalès (c'est ainsi que s'appelait mon jeune compagnon), quelques détails au sujet de divers volontaires réunis sur le pont.

— « Celui que vous voyez debout à l'avant, me dit-il, et qui pérore d'un ton si animé, est notre brigadier. Il a toujours à la main, son sabre dont il dit avoir perdu le ceinturon. Le fait est qu'il ne l'a jamais possédé ; cette arme, comme celles de presque tous mes compagnons, devait, le 23 février, appartenir aux arsenaux de Paris. »

— « Votre brigadier m'a l'air bien jeune ? »

— « Oui, il est chanteur ambulant de son métier, c'est un Brescian, et par conséquent un homme de cœur. »

— « Et ce gros lourdaud, au regard en dessous, d'où est-il ? »

— « C'est un Bergamasque, ancien portefaix du port de Gênes, d'où il fut renvoyé, dit-il, pour quelques démêlés avec la douane. »

Un grand garçon, bien bâti, nous interrompit alors en me demandant d'un air joyeux, si je le reconnaissais. Sur ma réponse négative, il me rappela qu'il m'avait servi à Marseille, en 1846.

— « Depuis lors, ajouta-t-il, j'ai fait bien des métiers ; et dernièrement, il s'en est peu fallu que je ne dépêchasse dans l'autre monde l'ambassadeur d'Autriche. Je lui ai fait une fameuse peur, allez ! »

Je m'éloignai avec dégoût de ce bravo en demandant au jeune Gonzalès quelle fonction un tel héros occupait dans la bande.

— « C'est le quartier-maître-trésorier; » me dit-il.

— « Ah ! et vous, avez-vous de l'argent à la masse ? »

— « Oh non ! pas si bête. »

— « A la bonne heure. Voilà une parole qui me fait augurer que nous nous reverrons ; mais je vous engage sincèrement à vous séparer au plus vite de pareils compagnons. »

En arrivant à Avignon, je quittai cette étrange compagnie dont les costumes délabrés et les cocardes étrangères semblaient causer à la population un étonnement mêlé d'effroi.

Pendant que je faisais charger mon bagage pour me rendre au chemin de fer, un chenapan, à la figure enluminée et à l'air hardi, s'approcha brusquement de moi et me tendant la main d'un air impérieux, me dit :

— « Frère, aidez ! »

Je compris que c'était là la nouvelle formule adoptée pour demander l'aumône depuis que le peuple français avait pris pour devise : *Liberté, Égalité, Fraternité.*

Mon *frère* n'ayant point d'escopette, comme le vieux routier de Gil-Blas, j'en profitai pour refuser sèchement, à la grande surprise du mendiant de 1848.

Le 21 mai je débarquai à Gênes.

J'allai rendre visite à la marquise Louise Pallavicini, charmante personne dont l'ardente imagination rêvait sans cesse le retour des beaux temps de la république oligarchique de sa patrie.

L'armée sarde, la France et Gioberti étaient alors les seuls sujets qui défrayassent les conversations; mais l'abbé Gioberti l'emportait de beaucoup sur toute autre matière d'entretien : c'était le vrai lion du moment.

Cet abbé célèbre venait d'arriver à Gênes, revenant de visiter le roi Charles-Albert au camp, et il devait s'embarquer, le lendemain, pour Rome, sur le même bateau qui devait me conduire à Livourne.

Le soir, après une courte promenade à l'Acqua-Sola, délicieuse oasis suspendue au sommet d'une des collines intérieures de la ville, la marquise Pallavicini voulut bien me conduire à la chapelle de Sainte-Catherine de Gênes, dont c'était la fête. L'autel était resplendissant de lumières; un peuple immense se pressait dans l'enceinte sacrée, et il nous eût été impossible d'approcher des reliques, sans la parenté de la marquise avec la sainte, issues, toutes deux, de la famille de Fiesque, ce qui nous fit aussitôt ouvrir un passage jusqu'à la balustrade du sanctuaire.

La marquise se mit à prier avec ferveur, et en voyant cette femme, jeune, belle, élégante, reine de la mode, unir ses prières à celles de cette foule, en faveur de la cause italienne, il était difficile de ne pas se sentir entraîné à partager son enthousiasme.

Le soir, nous allâmes au Casino, où le célèbre abbé avait été invité.

L'abbé Gioberti doit sa grande célébrité à son exil, à ses ouvrages, dont le style passe pour être des plus purs, et à son animosité contre les Jésuites, animosité qui lui a inspiré une violente diatribe intitulée : *Le Jésuite moderne*. Cet ouvrage produisit une grande impression en Italie.

L'abbé Gioberti est d'une taille assez élevée, son visage coloré a de la finesse, ses cheveux, dont il prend un soin extrême, sont plutôt roux que châtains. On découvre, sous ses lunettes, la vivacité de son regard; sa voix est peu agréable, elle a toujours quelque chose d'enroué et de forcé. Sa toilette, d'une propreté irréprochable, se compose invariablement d'un habit noir, boutonné par le milieu, d'un gilet et d'un pantalon noirs. Rien dans la coupe de ses vêtements n'indique l'ecclésiastique; la tonsure même a disparu du sommet de sa tête; sa parole est facile, s'élève même, parfois, jusqu'à l'éloquence, mais ne répond pas, cependant, à l'éclat du style de ses écrits; son amour-propre supporte difficilement la contradiction, et c'est peut-être à ce défaut que l'on doit attribuer, non-seulement la diminution rapide de son prestige après son entrée au Parlement, mais aussi plusieurs actes regrettables de sa vie publique.

On m'a raconté qu'ayant été nommé aumônier du roi Charles-Albert, en 1833, et ayant célébré la messe au palais, M. Gioberti déplut à ce prince, soit par sa figure, soit par ses manières. Ce fut inutilement qu'on représenta au roi que ce nouvel aumônier était un prêtre inoffensif et studieux, il n'en persista pas moins à déclarer qu'il éprouvait une antipathie insurmontable pour sa personne. On dut alors l'éloigner de la maison royale, et, bientôt après même, des ennemis secrets, ayant porté contre lui de graves accusations, obtinrent l'ordre de le faire arrêter.

Saisi en pleine rue par deux carabiniers, qui s'apprêtaient à lui mettre les menottes, il s'écria, en étendant les bras : *Ces mains, que vous voulez enchaîner, ont pourtant, ce matin même, consacré la sainte Eucharistie!* »

Les carabiniers, vivement impressionnés par ce langage, le firent alors monter dans une voiture, et le conduisirent en prison. Ses réponses aux différents interrogatoires qu'on lui fit subir l'ayant entièrement disculpé, il fut rendu à la liberté; néanmoins, ses amis l'engagèrent, pour son repos, à passer en pays étranger.

La Belgique, la France et l'Angleterre furent successivement habitées par M. Gioberti. Il est à croire que ce fut l'influence du vieux libéralisme philosophique qui le porta à abandonner ses habitudes sacerdotales ; mais, tout en condamnant ses doctrines philosophiques, on n'en doit pas moins reconnaître que M. Gioberti rendit à son pays un service signalé en 1848. Profondément convaincu que la forme républicaine était un anachronisme pour l'Italie, il eut le courage de se séparer entièrement de M. Mazzini, et de lutter, par sa parole, dans toutes les occasions, pour assurer le maintien de la monarchie, au moment même où la France faisait retentir l'Europe du nom de république.

Homme d'esprit, il avait jugé avec sagacité que la question d'organisation intérieure ruinerait infailliblement celle de l'indépendance, et que les déchirements révolutionnaires amèneraient des fractionnements bien plutôt que des agrégations de territoire ; néanmoins, il laissait parfois son esprit s'égarer et errer à l'aventure à la suite de son imagination ardente et passionnée.

A l'époque de mon passage à Gênes, sa renommée et son influence sur les masses étaient à leur apogée.

Tout Gênes était dehors pour voir, suivre et entendre cette idole du jour.

Je ne connais rien de plus original que le coup-d'œil qu'offrait alors la population génoise. La plupart des hommes portaient l'uniforme de la garde nationale, les autres avaient revêtu le costume italien (1), gracieux vêtement mis à la mode par les Milanais en haine de l'Autriche.

---

(1) Le costume italien se compose d'un justaucorps en velours noir, serré à la taille ; d'un pantalon de même étoffe ; d'un large col blanc rabattu sur les épaules, et d'un chapeau pointu en feutre, noir ou gris, orné de plumes. En adoptant le velours et la soie pour uniques étoffes de leur toilette, les Milanais avaient pour but de nuire aux fabriques de drap autrichiennes, ainsi qu'au revenu des douanes perçu par leurs dominateurs. (*N. de l'Aut.*)

Quant aux femmes, elles portaient toutes, sur la tête, le léger mezzaro blanc, fraîche mousseline sous laquelle les jolies figures restent ce qu'elles sont, les passables s'embellissent, et les laides peuvent se dissimuler.

Nous étions depuis peu d'instants au Casino, lorsque de bruyants vivats annoncèrent l'arrivée de M. Gioberti. Il parcourut les salons du Casino escorté des commissaires, avec les honneurs qu'on rend tour à tour, en Italie, aux princes, aux actrices et aux hommes célèbres. A peine était-il entré qu'il fut appelé au balcon par les acclamations de la foule, mais une extinction de voix, provenant de ses nombreuses improvisations en plein air, le contraignit à se servir d'un interprète, au grand désappointement du peuple génois. Les quelques phrases qu'il fit transmettre à cette multitude enthousiaste me parurent dignes de remarque.

Il assurait que la monarchie constitutionnelle était le vrai palladium de la liberté et de l'indépendance. Il se portait garant des généreuses intentions du roi de Sardaigne, et annonçait qu'il allait à Rome pour engager le pape à délaisser sans retour les anciennes traditions de la politique romaine.

Ce billet d'absolution donné à son souverain, ce voyage à Rome, qui devait entraîner de si importants résultats, quelques mots sonores sur l'unité italienne, sur la nécessité « *di fare da se* (1)» tout cela avait bien quelque chose

(1) « Defaire les affaires de l'Italie sans l'aide de l'étranger. »

de fantasmagorique, mais qu'est-ce qui ne l'était pas alors? Le peuple de Gênes n'est-il pas d'ailleurs, comme tous les peuples du Midi, essentiellement avide de périodes et de situations à grand effet.

La foule applaudissait avec fureur; les cris de *viva Gioberti! viva Carlo-Alberto! via Pio nono! viva l'Italia!* ne cessaient de retentir; l'esprit n'avait guère le temps d'analyser, la raison était réduite à suivre le torrent.

Après la séance du Casino, M. Gioberti s'étant retiré à son auberge, nous nous empressâmes d'aller nous placer sur la magnifique terrasse de marbre qui entoure le port, afin d'entendre la sérénade dont la ville devait régaler M. l'abbé Gioberti.

La foule entassée dans la rue, cette terrasse couverte de femmes élégantes, un clair de lune singulièrement lumineux, les ombres immenses projetées par les édifices; tout donnait à cette scène un caractère plein d'originalité et de poésie qu'augmentait encore la belle harmonie de différents morceaux exécutés par les meilleurs artistes de Gênes. Le final d'*Ernani*, entre autres, adapté tour à tour au nom du pape, du grand-duc de Toscane et du roi, fut répété par une foule immense; l'émotion et l'entrain étaient indicibles.

Plusieurs personnes nous ayant rejoints à la fin de la sérénade, la conversation se porta sur l'armée piémontaise. Un marquis de vieille roche, garde national de nouvelle date, me vantait beaucoup la valeur italienne, et lançait des sarcasmes sur la retraite des Autrichiens. La marquise lui demanda malicieusement quel jour il devait partir pour ramener les Croates prisonniers qu'on attendait à Gênes, et qu'à défaut de troupes, les gardes nationales devaient escorter ; je ne pus m'empêcher de sourire en voyant le changement de ton et de visage du pauvre marquis, lorsqu'il apprit qu'un tel honneur était réservé à sa compagnie.

Amusée de son trouble, la marquise se plut à l'augmenter encore par les détails les plus excentriques sur les mœurs barbares de ces pauvres prisonniers ; puis, enfin, le voyant tout à fait abattu par la perspective des dangers qu'il allait courir, elle le consola en lui disant qu'elle venait d'imaginer un moyen sûr et de facile exécution pour s'éviter de tels périls.

— « Et ce moyen, quel est-il, chère marquise ? » demanda-t-il avec empressement.

— « C'est, répondit-elle, de retrouver votre vieux catarrhe de l'hiver dernier. »

Le marquis lui baisa la main avec une émotion silencieuse et reconnaissante.

Un jeune exalté, M. de S. R., vint prendre part à la conversation. La marquise lui dit, en nous présentant l'un à l'autre, quel était le but de mon voyage.

A ces mots, ce personnage, croyant peut-être voir en moi le prédécesseur d'une irruption française, se prononça contre toute intervention étrangère, répétant avec une singulière véhémence que l'*Italia doveva fare da se* (1), qu'on n'avait pas besoin d'étrangers, etc.

Lorsqu'il nous eut quittés, je fis observer à la marquise qu'une pareille réception n'était guère encourageante pour l'avenir.

— « C'est un de nos forcenés, me dit-elle ; ne faites pas attention à ses propos. Pour moi, je souhaite que l'Italie accomplisse par elle-même l'œuvre commencée ; mais je crains bien que ces mêmes hommes, si dédaigneux aujourd'hui de l'appui de la France, ne se repentent un jour de leur jactance et de leur dédain. Du reste, vous voyez que si le roi a tous les applaudissements, il n'a pas tous les cœurs. »

En effet, M. de S. R. s'était exprimé avec une méfiance très-significative sur les arrière-pensées de son souverain.

Je n'en fus pas trop surpris....

L'autorité des rois de Sardaigne n'a jamais été très-populaire à Gênes ; cette ville se souvient encore de sa vieille indépendance, et son aristocratie met, en général, peu d'empressement à paraître à la cour de Turin.

Le jour suivant, je visitai avec un vif intérêt les belles fortifications de la ville qui ont été encore notablement augmentées depuis le siége mémorable soutenu par Masséna.

Le soir, je me rendis de bonne heure à bord du bateau à vapeur. Bientôt tous les navires se pavoisèrent, la rade se couvrit d'embarcations, portant en poupe des pavillons aux trois couleurs italiennes. A peine pouvaient-elles se

---

(1) « Que l'Italie devait faire ses affaires sans aucun secours étranger. »

mouvoir, tant elles étaient chargées de monde. Un trois-mâts, ancré près de nous, fut envahi par une nuée de jeunes séminaristes; une foule immense se déroulait sur les quais ; on entendait, dans toutes les directions, le tambour appeler aux armes les gardes nationaux, pour qu'ils vinssent assister en corps à l'embarquement de M. l'abbé Gioberti.

Des chants patriotiques s'élevaient en chœur de tous les points du port, au-dessus duquel la ville, étagée en amphithéâtre, reflétait les feux du plus magnifique coucher du soleil.

A six heures, un coup de canon annonça que le Dieu du moment allait quitter le rivage.

Bientôt nous vîmes son canot, remorqué par une vaste barque, chargée de musiciens. Il sillonnait la rade au bruit d'applaudissements frénétiques et vint accoster le flanc de notre bateau à vapeur. Un peloton de gardes nationaux rendit les honneurs à M. Gioberti, à son apparition sur le pont; des cris, des vivats, des baisers partaient de toutes les embarcations. La brigade des petits abbés en herbe, perchés dans les haubans du trois-mâts, faisait un tapage effroyable. Dans un bateau, un enthousiaste se trouvait mal à force de crier; dans un autre, un chanoine dirigeait d'une voix de stentor des chœurs patriotiques, montrant le poing, de temps en temps, aux poumons fatigués. Notre pont était inondé de femmes de gardes nationaux, d'enfants, qui tous voulaient voir le fameux abbé et lui baiser la main. Quant à lui, il se laissait faire de la meilleure grâce, saluait la foule à chaque vivat, et avait en tout l'attitude d'un homme que rien de semblable ne peut plus étonner.

Grâce à sa présence, nous ne pûmes partir avant huit heures. Les barques essayèrent de nous suivre, mais la merveilleuse vapeur leur eut bientôt enlevé cet espoir. La brise ne nous apporta plus, après quelques minutes de marche, que les lointains échos de ces adieux bruyants; les sons de l'hymne à Pie IX s'affaiblirent rapidement, et les ombres de la nuit effacèrent à nos yeux les contours des montagnes de Gênes. Reportant alors mes yeux sur le tillac, j'aperçus l'abbé Gioberti qui fumait héroïquement son cigare tout en discourant sur les événements politiques au milieu d'un groupe de passagers. Je me mêlai à ses auditeurs, je l'entendis avec intérêt, mais bien aussi avec quelque surprise, faire une rapide revue de la situation de l'Europe, juger sainement les calamités désastreuses de la révolution de Février par rapport à la France, en apprécier, à son point de vue, les conséquences probables pour l'Italie; il prévoyait les bouleversements soudains qui allaient éclater dans chaque Etat, et les voyait paralysant l'action des souverains et compromettant l'organisation de cette partie de l'Europe.

Au milieu de cette chaleureuse improvisation, une charmante dame américaine, fidèle aux traditions des touristes, vint solliciter de lui un mot d'écrit pour enrichir sa collection d'autographes. L'abbé se prêta de bonne grâce à ce désir flatteur, puis donna le signal de la retraite en rentrant dans sa cabine.

Bientôt le pont du bâtiment, si bruyant naguère, rentra dans le calme et le silence. Enveloppé dans mon manteau et couché sur la dunette, je pus laisser mon esprit se livrer sans obstacles aux tristes méditations qu'engendraient en moi, d'une part, le chaos présenté alors par l'Occident tout entier, et d'autre part, l'image des êtres chéris que j'avais laissés sur le sol natal, pour aller affronter les hasards d'une vie nouvelle. Malgré le roulis du vaisseau, le sommeil n'avait pas encore appesanti mes yeux lorsque j'entendis les matelots saluer de leurs cris joyeux, le port de Livourne.

FLORENCE.

CHAPITRE DEUXIÈME.

FLORENCE.

En arrivant à Livourne, notre bateau vint s'amarrer bord à bord avec un autre vapeur arrivé peu d'instants avant nous. Ce navire arrivait de Naples. Un de ses passagers nous communiqua, immédiatement, la nouvelle des combats livrés dans cette ville, le 15 mai 1848.

« Oui, messieurs, disait le narrateur, le Bombarda-
« tore (1) (surnom donné au roi de Naples) a fait égorger
« la garde nationale par ses suisses ; puis il a soudoyé les
« lazzaroni, qui, sur ses ordres, ont massacré plus de qua-

---

(1) *Bombardatore* : qui bombarde.

« torze mille personnes. La rade était rouge de sang, et, « sans la flotte française, peut-être cette boucherie dure- « rait encore. »

Malgré l'exagération évidente de ce rapport, les faits réels devaient avoir trop de gravité pour ne pas produire un effet considérable en Italie. M. Gioberti nous prédit, aussitôt que le passager eut terminé son récit, qu'avant peu le roi de Naples serait assassiné ou, tout au moins, qu'il serait forcé d'abdiquer.

Je me hâtai de descendre à terre, étant pressé d'échapper aux bruyantes manifestations préparées à Livourne en l'honneur de M. Gioberti ; manifestations qui ne devaient être qu'une répétition de celles de Gênes. Au bureau des passe-ports, on donnait de nouveaux détails sur les événements de Naples.

On y disait que le roi, manquant à sa parole, avait voulu dissoudre les Chambres ; que les députés avaient protesté, et appelé aux armes la garde civique ; qu'aussitôt les troupes, sur l'ordre du roi, s'étaient précipitées contre les citoyens ; que le bas peuple, prenant parti pour son souverain, avait mis à feu et à sang les habitations des libéraux, et que six mille personnes avaient été massacrées.

Une telle diminution dans le nombre des victimes me fit espérer que la vérité n'était pas encore bien connue. Je me rendis à l'auberge San-Marco. En passant devant la maison du consul de Naples, je vis les traces de l'auto-da-fé que la populace de Livourne avait fait la veille de l'écusson des Deux-Siciles, en signe de haine contre le *Bombardatore*.

Trois américains, arrivés le matin même de Naples, déjeunaient dans la salle commune de l'hôtel, lorsque j'y entrai, et racontaient les événements dont ils venaient d'être témoins dans cette capitale.

La manière dont ils présentaient les faits, et dont ils les appréciaient, différait singulièrement des narrations italiennes. Comme cette appréciation est celle de témoins oculaires, et, qui plus est, de républicains étrangers à l'Europe, je crus devoir la transcrire immédiatement, afin de pouvoir un jour en vérifier l'exactitude. La voici, telle que je l'écrivis à cette époque (1) :

« Le roi de Naples, disaient-ils, peut avoir eu des torts « envers son peuple dans le passé ; mais, dans le fait « actuel, rien de plus légal, de plus naturel que sa con- « duite. Il n'a fait que repousser par la force une agres- « sion anti-constitutionnelle, une tentative dirigée contre « sa dynastie.

« Les Chambres étaient convoquées ; elles devaient, « avant de commencer leurs travaux, prêter serment au « *statuto* promulgué par le roi.

« Des républicains connus, enhardis par la présence de « la flotte française, résolurent, à l'aide d'une équivoque,

---

(1) Dans une excursion que je fis à Naples, en 1849, je cherchai à connaître la vérité sur ce triste épisode des révolutions italiennes. J'acquis alors la conviction que ces Américains m'avaient dit la vérité.

« de précipiter les choses, et d'arriver au renversement de « la monarchie. Deux jours avant l'ouverture des Cham- « bres, leur plan d'attaque était préparé, et des munitions « furent transportées dans les maisons choisies comme « centre d'action.

« Les troupes avaient été consignées dans leurs casernes; « un seul bataillon était resté devant le palais du roi et « avait formé les faisceaux.

« Les conspirateurs ayant appelé aux armes la garde « civique, quatre cents gardes nationaux environ, se ren- « dirent à leur invitation.

« Désappointés en voyant leur petit nombre, ils auraient « probablement abandonné cette coupable entreprise, si « quelques hommes, trop compromis pour reculer désor- « mais, n'avaient précipité les événements en faisant feu « sur la troupe, spectatrice impassible de la construction « des barricades. Un soldat tomba frappé à mort; aussitôt « ses camarades indignés, entamèrent la lutte. Le roi de « Naples se décida alors à donner l'ordre de réprimer par la « force une agression criminelle.

« Les troupes débouchèrent aussitôt de toutes parts; le « combat fut long, sanglant, acharné. Les lazzaroni, heu- « reux de pouvoir satisfaire impunément leur soif de pillage, « vinrent en aide à la troupe, et Naples, frappée de ter- « reur, fut momentanément en proie à une sorte d'anarchie.

« De graves excès furent commis par la populace, nul « ne peut le contester, mais la responsabilité doit en retom- « ber tout entière sur les fauteurs de pareils troubles. »

— « Messieurs, s'écria un des convives groupés autour « de la table, mais a-t-on pu apprécier le nombre des vic- « times? Est-il considérable? »

— « Monsieur, reprit l'un des Américains, on évalue à « un millier de personnes, les morts et les blessés, tant « de la troupe que des révoltés. »

Ainsi donc, me disais-je, en moins d'une demi-heure, voici la barque funèbre de Caron déchargée de treize mille cadavres! O nation de poëtes!...

Plus tard, la vérité sur les événements du 15 mai napolitain parvint à se faire jour en Italie, mais le mot d'ordre était donné, et nul journal de la Péninsule n'eût osé prendre ouvertement la défense du roi *Bombardatore.*

Le maître de l'hôtel vint bientôt m'avertir que tout était prêt pour mon départ.

— « Eh bien! Smith, lui dis-je, vous voilà donc avec une constitution, et bientôt sans Autrichiens en Italie? »

— « Ah! Excellence, oui, sans doute, ce sont de grands changements, mais..... »

— « Comment, mais! mon cher Smith, seriez-vous *codino* (rétrograde), ou bien les affaires vont-elles mal? »

— « Très-mal, Excellence, horriblement mal; dans cette ville-ci surtout, car elle contient une troupe de bandits, les âmes damnées d'un certain Guerrazzi, méchant brouillon, qui nous causera bien du mal, je le prédis. »

— « Tout cela se calmera, mon cher Smith, et la victoire vous ramènera des voyageurs. »

— « Dieu vous entende, Excellence! mais je vous assure qu'on ne peut plus vivre tranquille depuis cette bienheureuse constitution. »

Je voyais assez déjà que la constitution et la guerre ne plaisaient pas à tout le monde en Italie. Le batelier qui me conduisit du vapeur à terre, pleurait parce que son fils était à l'armée; Smith aurait volontiers pleuré, parce que la constitution n'enfantait que des troubles; Naples voyait ses rues ensanglantées, parce que son roi ne voulait pas laisser violer les lois; le roi de Sardaigne avait besoin de l'absolution giobertiste auprès de ses sujets qui se fiaient peu à son trop récent dévouement à la liberté; le pape, effrayé des suites de ses premières réformes, devait aussi être raffermi dans la voie libérale par Gioberti, qui partait à cet effet; tant de symptômes alarmants commençaient à me faire envisager ce grand mouvement italien sous un aspect bien différent de ce que je me l'étais figuré.

Je comptais trouver à Florence un enthousiasme analogue à celui de la ville de Gênes. Je m'amusais à l'avance de l'effervescence patriotique de l'ancienne et unique république démocratique du quinzième siècle; j'aimais à me figurer le changement d'idées que j'allais trouver dans les discours de mes anciennes connaissances; je fus bien vite détrompé. Je trouvai le Piazzone des Cascine (1) occupé par les mêmes voitures qu'autrefois; seulement, l'affluence des étrangers ayant disparu, le Piazzone avait un air morne, que le visage préoccupé des promeneurs ne pouvait égayer.

Le lendemain de mon arrivée, j'eus l'honneur d'être reçu par le Grand-Duc.

En revoyant ce prince, je fus frappé de la tristesse de sa physionomie; son changement était notable; une vieillesse anticipée et de secrètes douleurs se lisaient sur ce visage plein de bonté et de douceur.

Léopold II, né le 3 octobre 1797, n'est point sans doute un de ces princes destinés à remplir de leurs hauts faits les pages de l'histoire, mais son caractère équitable, ses mœurs d'une pureté parfaite, l'usage modéré qu'il sut faire de son autorité, ses soins constants pour la prospérité de son pays le placent au rang des meilleurs souverains et le rendent digne de la vénération de ses sujets, ainsi que de celle de tous les gens honnêtes, appelés à apprécier ses nobles qualités.

Avant les dernières réformes, la Toscane formait une sorte d'oasis dans le désert au milieu des gouvernements d'Italie : aussi la constitution y était-elle superflue.

En l'accordant de son propre mouvement, le Grand-Duc ne jeta pas un regard de regret sur son autorité privée, et résolut, dès le premier jour, de gouverner sincèrement selon l'esprit de la constitution.

---

(1) Belle place au centre de la promenade publique, à Florence.

Voyant l'influence autrichienne menacée en Italie, il espérait peut-être que la société trouverait une défense contre l'esprit révolutionnaire dans ces formes constitutionnelles, devenues la manie des temps modernes ; il comptait, pour sa propre sécurité, sur la reconnaissance de ses sujets.

Ceux-ci, ignorant pour la plupart la portée de concessions dont le besoin n'avait jamais été sérieusement senti, furent étonnés de toutes ces élections faites dans le but de créer des pouvoirs.

Ils répondaient aux petits ambitieux solliciteurs de votes: « Mais pourquoi faire ? C'est au Grand-Duc à s'occuper de « tout cela ; c'est lui qui a notre confiance. »

Aussi, malgré les intrigues des futurs Mirabeau toscans, la plupart des colléges nommèrent pour leur député à la Chambre des communes, lors des premières élections, le Grand-Duc lui-même.

Cette naïve confiance n'est-elle pas le plus bel éloge de ce prince et n'aurait-elle pas dû retenir la criminelle ingratitude de quelques hommes pervers ?

Aussitôt que la guerre eut éclaté en Lombardie, Léopold II, bien que prince autrichien, n'hésita pas à s'unir au mouvement italien, et envoya ses troupes au roi de Sardaigne.

Tant de gages donnés aux passions italiennes semblaient devoir lui assurer la tranquillité dans ses états; mais une institution manquait absolument en Toscane. Héritier des principes de son aïeul Léopold Ier, le Grand-Duc, considérant son pays comme uniquement destiné à une vie agricole, industrielle et commerciale, avait trop négligé l'organisation de la force armée : aussi, l'esprit militaire s'était-il entièrement perdu. Les troupes mal disciplinées, mal instruites, mal commandées, n'offraient aucun point d'appui au pouvoir, qui se trouva désarmé et sans force, contre des factieux que nul frein moral ne pouvait arrêter.

L'esprit public aurait bien pu devenir le soutien de la liberté et du prince : mais cet esprit public, excellent du reste, n'inspirait aucune énergie à des citoyens élevés dans la mollesse. L'esprit démagogique domina bientôt dans les conseils publics, et d'impudents tribuns insultèrent, sans crainte, aux vertus du souverain, et à la loyauté de la nation.

Quelques hommes courageux essayèrent néanmoins de sauver ce beau pays du retour de ses antiques discordes. M. le marquis de Lajatico (Nerino Corsini), issu d'une des plus illustres familles d'Italie, unissant ses efforts à ceux du marquis Ridolfi, eut le mérite de retarder le mouvement désorganisateur. Mais la suite malheureuse de la guerre devait annihiler de si nobles efforts, et M. le marquis Capponi, porté momentanément au ministère, vit le pouvoir tomber de ses mains dans celles de MM. Guerrazzi et Montanelli, malgré l'appui que prêtait à son administration une immense majorité dans le parlement.

On a cru généralement, qu'excepté en Piémont, aucune vue d'agrandissement ne se cachait sous le grand mouvement qui entraînait dans une sorte de croisade contre les

Autrichiens la jeunesse et les forces d'une grande partie de la péninsule italienne. Certes, toute cette jeunesse ardente, campée sous les murs de Mantoue et de Vicence, n'obéissait qu'à un sentiment de fraternité pour les Lombards, n'aspirait qu'à la gloire des combats, et dans cette lutte contre l'étranger, n'avait qu'une pensée, qu'un but, faire, des Italiens, une nation capable de jouer, par elle-même, un rôle important en Europe. Mais chaque gouvernement avait un but secret qu'il s'efforçait d'atteindre, soit par la persuasion, soit par le déploiement de ses forces militaires ; et, tandis que des bandes d'étudiants traversaient les Apennins, au son des hymnes de liberté, les chefs militaires, accompagnés d'agents secrets, prolongeaient le séjour de leurs troupes au sein des populations dont on convoitait les votes d'annexion. C'est ainsi que la Toscane cherchait à s'assurer le duché de Modène, et parvenait, au grand déplaisir du Piémont, à s'emparer de Livizzano, de Sarzana, et d'autres petits districts.

Lorsque je passai à Florence, une partie de ces faits n'était pas encore accomplie, mais déjà on pouvait prévoir les orages de l'avenir, et je n'apercevais de salut pour le principe monarchique que dans des victoires en Lombardie.

J'étais à peine depuis quelques heures à Florence, que j'appris l'arrivée de madame la princesse de Parme. M. Hamilton, ministre d'Angleterre, était allé au devant d'elle, sur la route de Bologne, dans une berline attelée de quatre chevaux.

Aux Filigare (relais de poste sur la frontière), il vit arriver, dans un *calessino* (petit cabriolet découvert, traîné par un seul cheval), cette malheureuse princesse, accompagnée d'une seule femme de chambre. Elle était au moment d'accoucher; et la fille de tant de rois à qui la France doit sa grandeur était forcée de fuir pour se dérober à la haine dont les Italiens poursuivaient son mari.

Digne du sang dont elle sort, cette jeune princesse ne fit entendre aucune plainte pendant tout le cours de ses rudes épreuves; et, pourtant, elle pouvait dire que ses sages conseils, s'ils eussent été suivis, eussent probablement évité à sa nouvelle famille, les désastres qui pesaient alors sur les princes de Parme. Poursuivie par la destinée, la descendante de Henri IV et de Louis XIV, née dans le palais des Tuileries, au milieu des pompes royales, était réduite à recourir à la générosité du Grand-Duc, afin de trouver un abri pour faire ses couches, à l'hospitalité de l'Angleterre, afin de s'assurer une nouvelle terre d'exil!

Pendant tout le temps que madame la princesse de Parme passa dans la villa Carreggi, près de Florence, personne ne fut admis à l'honneur de la voir, l'effervescence populaire en faisait une nécessité: mais d'honorables citoyens, commandés par un Français, M. Auguste de Valabrègue, fils de la célèbre madame Catalani, ne cessèrent de veiller sur son repos.

Les nouvelles de Naples, commentées par l'esprit de parti, avaient ameuté toute la presse italienne contre le roi des Deux-Siciles. Lorsqu'on sut qu'à la suite des funestes journées de mai, l'ordre avait été donné aux troupes napolitaines de revenir immédiatement sur leurs pas, le déchaînement ne connut plus de bornes. Le bruit se répandit dans Florence que le général en chef Pépé, ne voulant pas obéir aux ordres de son souverain, avait soumis la question du retour des troupes à Naples à un conseil de guerre ; que le général Statella, ayant opiné pour l'obéissance aux ordres du roi, avait été renvoyé à Naples, et traverserait Florence d'un moment à l'autre.

Les exaltés de cette ville, que dirigeait alors un jeune Sicilien, appelé, je crois, M. Lafarina, embusquèrent des agents sur la route de Bologne, pour épier l'arrivée du général Statella ; celui-ci étant imprudemment entré dans Florence, vint descendre à l'hôtel du Pélican, sur la place Santa-Trinita. Cet hôtel était rempli de Siciliens émigrés ; aussi M. Gasparini, son propriétaire, exprima-t-il au général ses regrets de ne pouvoir le recevoir.

Le général Statella descendit de sa voiture, la laissa provisoirement dans la remise de l'hôtel, et alla lui-même à la recherche d'un autre logement. Pendant ce temps, le peuple s'amassa devant la maison de M. Gasparini.

Bientôt la foule, qui d'abord était silencieuse, excitée par les prédications d'un prêtre fanatique, et par les discours de M. Lafarina, brisa les portes, se rua sur cette inoffensive voiture, et, l'ayant à moitié fracassée, en pilla le contenu.

Un ami de M. Gasparini, voulant éviter le même sort aux autres voitures placées dans cette remise, se mit à crier qu'il fallait brûler l'impur véhicule, et le fit aussitôt traîner par la foule sur la place Santa-Maria-Novella, où bientôt les flammes eurent satisfait la colère stupide de la populace.

Le général Statella, prévenu à temps, se réfugia dans la forteresse, d'où il put promptement gagner Livourne. J'avais assisté avec tristesse à cette petite émeute, m'indignant de ne pas voir la garde civique intervenir et faire respecter la propriété d'un étranger : mais les citoyens de Florence avaient perdu, depuis longtemps, la conscience des dangers de pareils excès, ils n'en prévoyaient pas les fatales conséquences, et il fallut toutes les calamités de l'année **1849** pour réveiller leur énergie.

Le Gouvernement était surtout coupable, et sa faiblesse m'avait causé une irritation que je ne pus maîtriser le soir, chez madame R***, où se réunissaient habituellement la plupart de mes connaissances intimes.

Au premier mot que je laissai échapper sur ce sujet, une charmante femme, au patriotisme bien connu, s'écria :

— « Ah ! qu'est devenue, n'est-ce pas, notre gaie Florence ? Vous parlez de gouvernement ! Mais il est sans force, ou plutôt, il n'y en a plus. »

— « S'il en est ainsi, Madame, répliquai-je, c'est aux bons citoyens de prendre en main la défense de l'ordre et des lois. Pourquoi réclamiez-vous avec tant d'ardeur des institutions libérales, si c'est pour n'en faire aucun usage ? Pourquoi cette garde nationale laisse-t-elle commettre, sous ses yeux, des excès aussi déshonorants pour une nation ? »

— « Cela vous surprend ! reprit-elle aussitôt ; mais que peut-on prévoir ? que peut-on réprimer ici ? Faire du gouvernement se traduit de suite par tyranniser. Peut-être de tels excès sans cesse renaissants feront-ils, à nos dépens, notre éducation ; jusque-là, personne n'agira. Du reste, vous autres, Français, tout cela ne doit pas vous étonner. Après tant de révolutions, vous avez été assez simples pour vous laisser mener par vos fameux républicains de la veille ; allons ! un peu plus d'indulgence pour les autres peuples ! Les Français ont perdu le droit de se moquer de l'imbécillité des nations. »

La femme qui me parlait ainsi était, trois années auparavant, une ardente admiratrice de toutes les réformes.

L'opinion avait déjà subi, je le voyais, un refroidissement marqué sur l'application des idées libérales, mais, du moins, elle faisait éclater encore le même enthousiasme et les mêmes sympathies pour la cause de l'indépendance.

Les combats honorables, soutenus les 5 et 13 mai, près du lac de Mantoue, par les troupes et les volontaires toscans, étaient racontés et fêtés avec une joie réelle. Aussi, malgré son peu de ressources militaires, la Toscane faisait les plus grands efforts pour aider à la cause commune, et chaque événement heureux survenu en Lombardie provoquait, dans tout le pays, des manifestations non équivoques de joie et de bonheur.

BOLOGNE.

CHAPITRE TROISIÈME.

BOLOGNE.

J'avais hâte de rejoindre l'armée; aussi, résistant aux sollicitations de mes amis, je partis, le 26 mai, de Florence.

Des lettres de France, en me rassurant sur les suites de l'échauffourée du 15 mai, m'avaient rendu toute mon ardeur première.

Je pensais que, sous peu de jours, j'allais me trouver au milieu de cette armée victorieuse, et voir ce roi dont l'épée semblait devoir à la fois délivrer toute une nation, et créer, à l'instar de l'épée du grand Frédéric, un nouveau royaume, au sein de la vieille Europe.

Le 27, j'arrivai à Bologne. Je trouvai la ville encombrée de troupes napolitaines. Les hôtels étaient littéralement remplis. J'eus la plus grande peine à me procurer un petit cabinet pour m'habiller.

En voyage, je me fais toujours raser. Je dois cette habitude aux souvenirs du *Barbier de Séville*. Quelque loin que soit un vulgaire barbier du type sublime de Beaumarchais, il y a toujours quelque chose à apprendre de cet homme à qui l'on confie si facilement son cou. La confiance est contagieuse, dit-on : aussi s'établit-il, en un instant, une familiarité dont les mille bruits du jour sont les prémisses.

A peine celui que j'avais fait appeler, fut-il entré, que la conversation s'entama.

— « Votre excellence va probablement au camp ou à Venise ? »

— « Peut-être bien. »

— « Nous avons ici le général Pépé. »

— « Et que font les troupes ? »

— « Ah ! signor, qui peut le dire ? »

— « Refusent-elles donc de marcher? »

— « *Sangue della madonna!* Oui, elles refusent ; mais, il faudra bien qu'elles se décident à passer le Pô, car de même que le peuple de Bologne les a accueillies comme jamais pape n'a été accueilli, de même il les traitera sans pitié, si elles veulent trahir la *santa causa*. »

— « Et que fait le général Pépé? »

— « Il se démène comme un diable, le pauvre homme; mais il est trahi par tous les chefs. On attend aujourd'hui un magnifique régiment de dragons qui a refusé de passer le Pô. Ces hommes prétendent que le roi de Naples a défendu d'entrer dans la Vénétie, comme si le *Bombardatore* était un roi. Oh! excellence, s'il y avait seulement vingt Bolonais à Naples, son affaire serait bientôt faite à celui-là. C'est que voyez-vous, la ville de Bologne est connue par son italianisme et son amour pour la liberté. Tous nos jeunes gens sont à l'armée, et notre argent passe en entier dans les caisses militaires. Mais ces hommes habillés à neuf et nourris de notre meilleur pain depuis leur arrivée, ce ne sont pas des soldats, ce sont des je ne sais quoi. »

— « Croyez-vous qu'ils finiront par franchir le Pô? »

— « *Per Dio!* il le faudra bien; sans cela, leur tombeau est creusé d'avance dans les Calabres. »

— « Vraiment? »

— « *Per Bacco!* c'est comme je vous le dis; il n'en échapperait pas un seul. »

Je n'étais pas bien convaincu de la vérité de cette assertion; mais je ne discute jamais avec mon barbier, je me contente de causer; aussi je ne fis pas la moindre objection.

— « Votre excellence, reprit-il, va probablement à la revue? »

— « Quelle revue? »

— « Eh! celle d'un superbe régiment de lanciers. Ah! ce sera très-beau à voir. D'abord, toute la ville y sera: les dames, les nobles, le légat du pape et les lanciers. »

— « Je le pense bien, mais qui passe la revue ? »

— « Le général Pépé en grand uniforme. Il faut aller voir cela, excellence, vous serez content. Les lanciers sont de très-beaux hommes; j'en ai rasé aujourd'hui plus de trente. »

En entendant ces mots, je regardai avec angoisse le rasoir. Comme mon opération était terminée, je vis avec plaisir le soin avec lequel mon Figaro essuyait son arme pacifique, puis je repris :

— « Où doit se passer cette revue? »

— « Sur la place, à cinq heures du soir... Excellence, dois-je revenir demain? »

— « Non, je vous remercie, adieu. »

Mon raseur parti, je m'habillai promptement. Je n'avais pas de temps à perdre, car je tenais à assister à une revue à laquelle les circonstances donnaient un intérêt tout particulier.

C'était, en effet, un beau coup d'œil que celui de cette place dont chaque fenêtre était garnie de femmes en toilette élégante, appuyées sur des coussins recouverts de riches étoffes de lampas, retombant en dehors, et tranchant, par l'éclat de leurs couleurs, sur les tons mats des maisons. Au centre de la place, quatre escadrons de lanciers, brillamment équipés, faisaient flotter dans les airs leurs gais pennons. Une foule considérable, respirant à la fois l'orgueil et le soupçon, contemplait ce magnifique échantillon des forces italiennes.

De nombreux vivats, poussés par la foule, accueillirent

le général Pépé à son arrivée. Il fit exécuter diverses manœuvres, à la grande joie des assistants. Le régiment manœuvrait bien ; les chevaux, tous de race calabraise, étaient élégants et pleins d'ardeur ; l'armement et le paquetage me parurent bien entendus.

Pendant le défilé, les cris de : Vive Pépé! vivent les lanciers! vive l'Italie! retentirent de nouveau. Je remarquai une froideur singulière de la part des soldats vis-à-vis de leur chef, et des applaudissements de la foule.

Je revins dîner à mon hôtel. C'était l'heure de la table d'hôte; je m'y installai en face de quatre officiers napolitains. Plusieurs bourgeois se placèrent à côté de moi.

Après quelques instants, un des officiers m'interpella, et la conversation suivante s'établit entre nous :

— « Monsieur est officier, sans doute ? »

— « Je l'ai été, monsieur. »

— « Puis-je vous demander de quelle nation ? »

— « Français, monsieur. »

A cette réponse, je me vis en butte à l'attention générale.

— « Eh bien! monsieur, puisque vous avez servi, et que vous appartenez à une nation essentiellement militaire, dites-nous ce qu'on ferait, en France, à un militaire qui refuserait d'obéir aux ordres de son chef. »

— « Parbleu! monsieur, on le casserait immédiatement ou on le fusillerait, selon les circonstances plus ou moins graves de sa désobéissance. »

La physionomie des officiers rayonna de satisfaction ; celle des bourgeois, au contraire, se rembrunit d'une façon fort significative. Je sentis que je venais de dire une imprudence par rapport au général Pépé. Aussi, reprenant la parole, je me hâtai d'ajouter :

— « Cependant, monsieur, il est des circonstances où la désobéissance peut prendre les proportions de l'héroïsme, et devenir un acte méritoire aux yeux de tout un peuple. L'exemple de l'amiral Nelson au bombardement de Copenhague (1) prouve qu'un mâle courage, fortement convaincu de sa juste appréciation des événements, peut, dans des cas exceptionnels, se mettre au-dessus des règles ordinaires de la discipline. »

Les bourgeois me firent alors les plus gracieux sourires, les officiers se parlèrent à voix basse; puis, après quelques instants de silence, l'un d'eux reprit :

— « Ces exemples sont bien rares, monsieur ! et dans la situation actuelle, il n'y a aucune analogie avec l'affaire de Copenhague. La guerre civile règne dans notre pays, le Roi est menacé; il a été toujours plein d'une sollicitude paternelle pour son armée, il nous rappelle, nous devons aller, avant tout, le défendre, ainsi que notre patrie. »

— « Ces sentiments sont nobles, messieurs, mais le roi de Naples n'a-t-il pas conservé des forces nombreuses près de lui, et n'êtes-vous pas Italiens ? L'Italie n'est-elle pas

(1) Au plus fort du combat, on vint avertir Nelson que le signal de la retraite était arboré par le commandant en chef de l'escadre anglaise. Saisissant sa longue-vue, l'intrépide Nelson l'appuie sur l'œil qu'il avait perdu à Aboukir et répond froidement : « Je ne vois pas le signal ! »

en danger, ne lui devez-vous pas quelques sacrifices? »

— « Oh! certes, monsieur, nous serions heureux de concourir aussi, pour notre part, à l'indépendance italienne; mais cette indépendance est-elle le véritable but des efforts des agitateurs?

« Pour moi, je ne le pense pas. Je crois même que, pour eux, ce n'est qu'un moyen. Si on eût voulu, en effet, atteindre ce seul résultat, on n'aurait pas commencé par diriger contre l'armée tant d'accusations, par chercher à la dégoûter en la séparant des hommes qu'elle respecte, et dans lesquels elle a confiance. Si on eût confié le commandement à un général aimé de la troupe, et connu pour être dévoué au roi, tout, ici, marcherait autrement. Mais, loin de là, on a mis à notre tête un ennemi personnel du roi; aussi n'inspire-t-il aucune confiance, et nous craignons ses arrière-pensées. »

— « Ainsi, l'armée n'entrera pas dans la Vénétie? »

— « Monsieur, soyez convaincu que si le roi nous envoie l'ordre de traverser le Pô, par un homme connu pour lui être dévoué, nous irons gaiement en avant, et nous nous battrons en gens de cœur.

« Si, au contraire, cet ordre est apporté par un de ces généraux à opinions exaltées, nos soldats refuseront d'obéir, et rien ne pourra leur ôter de l'idée que le roi, trahi par ses généraux, veut, au contraire, le retour des troupes. »

— « Peut-être ce retour vous serait-il impossible. Les Romagnols sont ardents pour la cause italienne, ils croiront à une trahison, et vous décimeront sur la route. »

— « Croyez vous donc, Monsieur, à toutes ces exagérations ? Bologne est fanatique, c'est vrai ; mais le pays que nous venons de traverser est au moins tiède, s'il n'est pas indifférent pour les graves questions qui s'agitent actuellement en Italie. »

Cette conversation me donna beaucoup à penser, et je résolus de m'assurer si la disposition de la troupe répondait aux propos de ces officiers.

Je descendis dans la rue. Plusieurs sergents d'infanterie étaient rassemblés devant la porte de l'hôtel ; je les fis causer, leur langage fut identiquement le même que celui des officiers. Il n'y avait plus à en douter, les seize mille Napolitains retourneraient à Naples, abandonnant sans regrets la cause lombardo-vénitienne, qui, de fait, ne les intéressait guère.

C'est ici le cas de remarquer que, si une classe nombreuse, répandue sur tout le sol italien, sympathisait de cœur avec la cause des provinces insurgées, les masses étaient loin de pouvoir comprendre la portée de cette croisade libérale entreprise contre l'Autriche. Dans les villes comme Turin, Gênes, Florence, Rome, Naples, etc., le parti libéral trouvait, il est vrai, de vigoureux appuis de la part d'une jeunesse généreuse, élevée dans la haine de l'Autriche, dont l'influence compressive se faisait particulièrement sentir aux classes instruites ; mais les populations rurales n'avaient aucun grief contre les Autrichiens, dont on voulait leur inspirer l'horreur. D'ailleurs, les différents partis religieux, libéraux, monarchiques et républicains se faisaient une guerre ouverte, tendant à contrebalancer leurs efforts mutuels ; aussi, est-il vrai de dire que le mouvement italien eût été singulièrement amoindri, si une partie du clergé ne l'eût patriotiquement appuyé, croyant en cela se conformer aux secrètes intentions du Pape.

D'autre part, il y avait peu d'intérêt pour certaines parties de l'Italie à s'immiscer dans cette lutte. On comprend parfaitement que le Piémont favorisât cette impulsion dont il devait retirer tous les fruits; que Rome, effrayée et, d'ailleurs, en contact constant avec la férule autrichienne, la vît avec une certaine satisfaction; mais on comprend aussi que la Toscane, toujours ménagée et heureuse sous les lois d'un prince autrichien, devait se montrer moins passionnée pour la guerre; et que le royaume de Naples, n'ayant avec l'Autriche aucun point de contact, ne devait trouver aucun intérêt dans une querelle si éloignée de ses frontières.

Aussi, la nouvelle des événements de Milan n'eût été accueillie qu'avec peu d'enthousiasme par une grande partie des populations de la Toscane, de la Romagne et du royaume de Naples, si les sociétés secrètes, organisées depuis longtemps sur tous les points de la péninsule, n'avaient pas aidé à l'action des agents milanais lancés dans toute l'Italie, dès les premiers instants, pour convier tous les membres de la grande famille italienne à la défense de la Lombardie.

Les idées d'indépendance, mieux comprises des classes

instruites, trouvaient là, pourtant aussi, des antagonistes redoutables, par cela même que ces idées étaient avidement saisies comme une puissante arme de guerre contre les institutions existantes, par certains hommes signalés depuis longtemps pour leur opposition ardente aux gouvernements établis, et à l'ordre de choses existant.

Lorsque la Lombardie, pleine d'enthousiasme et d'angoisse, fit entendre son cri d'appel à toute l'Italie, ses émissaires eurent le tort de se transformer trop souvent en agents complaisants d'émeutes destinées à renverser tous les gouvernements.

Ils espéraient par là entraîner toutes les forces vives de l'Italie à leur défense : ils commirent une grave erreur.

Le pape, effrayé par les exigences que n'avaient pu satisfaire tant de concessions faites en si peu de temps, s'arrêta, et sentit le doute pénétrer dans son esprit. Son âme grande et généreuse, qui avait entrepris la transformation politique des Etats de l'Eglise, reconnut qu'un peuple assoupi dans l'ignorance ne peut passer sans péril à la pratique de la liberté. Il ne tarda pas à voir dans ces libéraux à phrases pompeuses des ennemis de son pouvoir, plutôt que des amis sincères du peuple, et dans cette haine si vive qu'on portait à l'Autriche il devina l'arrière-pensée qui préoccupait les masses. On craignait, en effet, qu'un jour il ne trouvât en elle un appui pour résister à des exigences toujours croissantes.

La guerre répugnait à son cœur, et la crainte de voir s'élever un schisme au sein de l'Eglise catholique le tourmentait sans cesse. Tant de considérations de la plus haute importance expliquent suffisamment pourquoi le souverain pontife se refusa à toute déclaration de guerre contre l'Autriche: refus dont l'influence fut considérable sur l'issue de la guerre. Les tristes événements de Naples en exercèrent une plus immédiate et tout aussi profonde.

Par les émeutes du 15 mai à Naples, les républicains napolitains servirent à souhait l'Autriche. Le roi de Naples nourrissait une vive jalousie contre le roi de Sardaigne.

Sachant les progrès rapides de ce prince en Lombardie, il craignait de le voir bientôt porter ses armes victorieuses jusque sur les bords de l'Adriatique, et devenir alors le seul arbitre des affaires de l'Italie.

Confiant dans son armée, le roi de Naples craignait son éloignement, à la vue du flot révolutionnaire qui le menaçait de plus en plus.

La refuser à la cause italienne, c'était abandonner au Piémont une omnipotence presque absolue en Italie, et faire éclater immédiatement dans ses États la crise qu'il redoutait.

L'envoyer combattre l'Autriche n'offrait pas moins de dangers. La révolte de la Sicile nécessitait un déploiement considérable de troupes dans cette partie du royaume. Le roi Ferdinand ne pouvait intervenir militairement en Lombardie qu'avec une force respectable, capable de lui assurer une partie des résultats de la victoire. Alors le royaume de Naples proprement dit devait se trouver singulièrement dégarni de troupes et les factions pouvaient saisir cette occasion pour attenter à son autorité.

Des motifs d'une autre nature devaient contribuer à augmenter la perplexité de la cour de Naples.

Depuis la révolution de Février, la France, absorbée par son état intérieur, ne pouvait plus lui offrir qu'un faible appui contre la politique de l'Angleterre qui visait depuis longtemps à inféoder à ses fabriques et à son commerce le royaume des Deux-Siciles, peut-être même à s'emparer de l'Ile de Sicile sous le manteau d'un protectorat amical. Une déclaration de guerre à l'Autriche était donc, non-seulement un manque de reconnaissance envers une puissance qui, par deux fois, avait rétabli la famille royale de Naples sur le trône de ses ancêtres, mais encore, c'était priver son pays d'une alliance importante pour la défense de ses intérêts commerciaux les plus vivaces.

On comprend facilement combien le gouvernement napolitain devait se trouver embarrassé au milieu des considérations aussi graves et aussi divergentes.

Un homme d'esprit et de talent, M. Toffetti, envoyé par le gouvernement provisoire de Milan, tentait chaque jour de nouveaux efforts près du roi : il cherchait à décider ce prince par la perspective d'un partage dans lequel les Marches eussent rémunéré Naples de ses sacrifices, tandis que Modène eût compensé Rome d'un autre côté. Il en était venu, un soir, à rabattre ses demandes à seize mille hommes.

« Eh bien, soit! je vous les donne, répondit le roi; mais

sachez bien que c'est au gouvernement provisoire de Milan que je les accorde, et non au roi de Sardaigne. »

Ces mots prouvent suffisamment la jalousie suscitée par les progrès, chaque jour croissants, de Charles-Albert.

L'expédition promise fut promptement préparée. Mais le choix du chef qu'on devait mettre à sa tête était une question épineuse.

L'armée napolitaine, trop dédaignée jusqu'à ce jour, a fait des progrès remarquables, notamment la cavalerie et l'artillerie. Ces améliorations sont dues entièrement aux efforts persévérants du roi.

Le général Filangieri (1), officier d'un mérite réel, semblait désigné, plus que tout autre, par ses talents et son expérience, pour commander une expédition de cette importance. Mais les libéraux, voyant en lui un homme dévoué au roi, mirent tout en œuvre pour l'écarter. Ils le signalaient comme étant capable de se vendre à l'Autriche, et comme un ennemi des libertés publiques, contre lesquelles il se retournerait, si, malgré lui, il revenait vainqueur. Ils redoutaient les ordres secrets que le roi pourrait lui donner, ordres auxquels le général Filangieri se serait certainement conformé.

Désireux d'affaiblir l'autorité royale dans l'armée, ils crurent faire merveille en présentant au roi, pour chef de l'expédition, le général Pépé, vieillard, dont la vie passée dans les conspirations, les prisons et l'exil, donnait en

(1) Duc de Sadriano.

effet les gages les plus complets au parti exalté. Un tel choix était déjà une maladresse. Le roi, sans en être dupe, le mit à la tête du corps expéditionnaire, et, plus habile que ses adversaires, feignit de lui montrer la confiance la plus absolue. Un corps de seize mille hommes s'achemina donc vers la Vénétie. On a prétendu que le roi, en consentant à cette expédition, faite en dépit de ses sentiments secrets, avait donné au général Statella des pleins pouvoirs pour s'opposer à la marche des troupes au delà du Pô, sur les bords duquel elles devaient s'arrêter, se contentant de tenir les Autrichiens dans l'incertitude de leurs projets ultérieurs, de donner par leur présence un appui moral aux populations de la Vénétie, et de ne s'avancer au delà de ce fleuve que dans le cas où l'armée piémontaise, continuant sa marche victorieuse, parviendrait à pénétrer dans le pays de Venise. J'ignore si ces suppositions sont fondées ; mais, quand même le roi de Naples eût entendu borner l'action de ses troupes à une expectative sur les rives du Pô, c'était déjà une diversion importante, qui forçait les Autrichiens à détacher un corps d'armée pour les observer, et les contenir au besoin.

L'avant-garde du corps expéditionnaire n'avait pas encore atteint Bologne, lorsque la révolte éclatée le 15 mai, au sein même de la capitale, offrit un prétexte plus que suffisant au rappel des troupes. Le roi n'hésita pas, et ses ordres, fidèlement exécutés, malgré les efforts du général Pépé portèrent un coup funeste aux succès de la guerre de Lombardie.

Après m'être promené quelque temps dans la ville, je rentrai à mon auberge. J'étais mécontent. Chaque jour, en m'éveillant, l'influence du plus beau ciel, de la plus riche nature, me rendait à l'illusion; et, chaque soir, sur mes observations du jour, les faits accomplis sous mes yeux me replongeaient dans l'inquiétude pour l'avenir de cette belle Italie.

Ce fut dans cette disposition d'esprit que je quittai Bologne, pour aller coucher à Modène, où il devait m'être plus facile de trouver un lit, chose importante pour moi, qui, bientôt, ne devais plus avoir beaucoup de nuits à dormir avec toutes mes aises.

CURTATONE.

CHAPITRE QUATRIÈME.

CURTATONE.

Il commençait à faire jour lorsque, le 29 au matin, je partis de Modène pour Curtatone, quartier-général de la division toscane, où je comptais voir le général Laugier, avant de me rendre auprès du roi de Sardaigne.

J'étais convenu avec mon *vetturino* (1) de faire la route seul dans la voiture ; mon domestique Henri prit donc place à côté du conducteur : mais les conventions de ce genre sont toujours illusoires en Italie. A peine avions-nous parcouru deux milles, qu'un volontaire vénitien, évidemment

(1) Conducteur de voitures de louage pour le voyage.

de connivence avec le *vetturino*, s'installait auprès de lui ; et celui-ci répondait à mes observations :

— « Ah ! Monsieur, peut-on refuser une place à un *prode* (preux) qui va combattre pour la *santa causa !* »

Le héros n'avait certes jamais manié le fusil ; il avait l'air plus doux qu'un mouton. Mais comment, en effet, refuser une place à un homme qui marche au combat ?

Je pris patience, et, la voiture s'étant remise en marche, je me mis à repasser dans mon esprit tous les incidents dont j'avais été témoin depuis mon entrée en Italie.

Il y avait à peine un quart-d'heure que nous roulions, lorsque la voiture s'arrêta de nouveau.

Le *vetturino* parlait avec une volubilité merveilleuse à un groupe d'hommes arrêtés sur la route.

— « Eh bien ! qu'est-ce encore ? lui dis-je. »

— « Ah ! excellence, c'est le brave capitaine Gorgi, le Florentin ; il se rend au camp et vous demande de le laisser monter. »

Cette phrase n'était pas achevée, que la portière s'ouvrait brusquement, et qu'un grand escogriffe, haut de cinq pieds huit pouces, se présentait, vêtu en bourgeois.

— « Pardonnez-moi, Excellence, me dit-il, mais je suis tellement pressé que je vous supplie de me laisser monter ; je vais au quartier-général, je suis en retard, et... »

— « En voilà assez, Monsieur, repris-je impatienté ; montez vite, je vous en supplie : car, moi aussi, j'ai hâte d'arriver. »

— « Pas plus que moi, Excellence ; car, quand je vous aurai dit... »

— « Eh parbleu ! capitaine, vous me direz cela en route; montez vite, et contentez-vous de prendre d'assaut la voiture. »

— « Monsieur, me cria Henri, permettez-moi d'entrer dans la voiture ; voilà un second volontaire installé sur mes genoux ; je mourrai de chaleur. »

— « Entre, mon garçon ; mais, pour Dieu ! dépêche-toi... »

Je parlais encore, penché hors de la portière, lorsque je me sentis comprimé du côté opposé. M'étant retourné avec vivacité, je vis qu'un nouveau voyageur avait su profiter du moment pour se glisser dans la voiture. Ce nouvel intrus était d'une grosseur singulière; sa figure rebondie avait un cachet tout particulier de mollesse et de nature efféminée.

En voyant cet autre compagnon, la colère me monta au visage, et je me disposais à défendre énergiquement ma propriété, lorsque les chevaux, partant au galop, me donnèrent l'espoir que mon drôle de *vetturino* me ferait du moins oublier sa perfidie en nous menant grand train.

Cependant, le capitaine avait des jambes démesurées de longueur qui me gênaient beaucoup ; son compagnon était tellement volumineux, que j'étais littéralement refoulé dans mon coin à chaque petit cahot ; je maudissais les *vetturini*.

A peine commencions-nous à nous caser le moins mal possible dans cette affreuse tabatière, que notre cocher entonna l'hymne patriotique : *Viva Italia ! Viva Pio nono! Viva il Re !* Ses rosses, habituées, selon toute apparence, à écouter avec respect ce chant d'indépendance, se mirent au pas, et tous mes compagnons firent chorus avec la plus grande véhémence.

Que pouvais-je dire à un cocher si bon patriote? Il fallut se résigner. A la fin de chaque strophe, un coup de fouet me faisait espérer une reprise de rapidité ; mais les chevaux demeuraient impassibles dans leur allure. Enfin, l'hymne achevé, à ma grande satisfaction, je m'écriai :

« Allons, *vetturino*, réparons le temps perdu ! »

— « Oui, Excellence; n'est-ce pas un beau chant que celui-là? »

— « Très-beau ; mais marchons. »

— « Votre Excellence connaît-elle l'hymne à Pie IX, du grand Rossini ? »

— « Non. »

— « Ah ! Excellence, je vais vous le chanter. »

— « Non ; mille fois non ! »

— « Mais, c'est superbe ! Excellence ; tenez. »

— « Ah çà, écoute : tes chevaux vont-ils aussi au pas sur l'air de Pie IX ? »

— « Certainement. »

— « Dans ce cas, si tu tiens à tes os, lui dis-je d'un air menaçant, tu vas marcher bon train et te taire. »

— « Oui, Excellence; mais, dites-moi, si cela ne vous fait rien, puis-je chanter, pourvu que nous allions? »

« — Tu ne peux donc pas te taire ? »

— « C'est que, voyez-vous, Excellence, si on me voit passer comme cela, silencieux sur la route, je serai perdu de réputation et vous aussi, car on croira que je mène des rétrogrades. »

— « Chante donc, drôle ; mais marche. »

Ayant obtenu cette autorisation, le *vetturino* préluda à l'hymne à Pie IX par deux vigoureux coups de fouets qui, faisant perdre à ses chevaux tout respect pour la mélodie papale, les mirent enfin à une allure raisonnable.

Pendant que l'on braillait à tue-tête sur le devant de la voiture, mon grand capitaine florentin entama la conversation. Le surnom de *brave*, dont l'avait paré le *vetturino*, ses cinq pieds huit pouces, ses longues moustaches, ne laissaient pas que d'inspirer une certaine considération. Je pensais avoir là, devant moi, un matador célèbre, ayant déjà appris aux Allemands qu'il existait encore des *ferrucio* en Toscane. Je fus donc fort étonné, en essuyant la plus ennuyeuse des narrations, sur ce qu'il était victime d'une injustice pour laquelle il avait envoyé sa démission. Je profitai d'un moment où il reprenait haleine pour lui dire :

« Mais, capitaine, c'est donc depuis le commencement de la guerre que vous avez voulu quitter le service ? »

— « Oui, Excellence. Comment un homme comme moi pouvait-il supporter un pareil affront ? Le chagrin m'a fait faire un coup de tête. J'envoyai ma démission. »

— « Qui ne fut pas acceptée ? »

— « Pardonnez-moi ; et c'est là mon malheur. Après vingt années de service, me voici privé de ma pension de de retraite. Aussi, ma femme a-t-elle voulu que je me rendisse auprès du roi, afin de le prier d'intercéder en ma faveur auprès du grand-duc. »

— « Il me semble que dans un temps comme celui-ci, où le besoin d'officiers doit se faire sentir, cela sera assez facile. »

— « Ah ! Excellence, qu'on me rende mon épée, et ma carrière est faite ! Je compte sur votre bienveillance pour me recommander, Excellence. »

— « Et à qui, capitaine ? Je ne connais personne, et ne vous connais pas vous-même. »

— « Oh ! c'est égal, Excellence ; vous savez mon nom. Vous pouvez dire que vous avez voyagé avec un capitaine connu par sa bravoure et ses talents ; avec un homme dont les services seraient éminemment utiles ; cela me sera fort avantageux, et nul n'oserait vous démentir. *Corpo di bacco!* ma réputation est faite. »

Tant d'assurance me donnait au contraire des doutes sur la vaillance du fameux Gorgi. Aussi, je me promis bien, à part moi, de me débarrasser le plus tôt possible de cette espèce d'aventurier. Comme je lui demandais s'il connaissait mon compagnon, celui-ci s'empressa de me dire, de la voix la plus enfantine :

« Monsieur, je suis un homme ruiné ! »

— « Ah ! mon dieu ! Et comment cela ? »

— « J'étais chantre dans la chapelle du saint pape Grégoire.... Non, je veux dire du pape Grégoire XVI. On vient de me réformer, non pas faute de talent, mais sous prétexte que le pape actuel a plus besoin d'argent que de musique, et de soldats que de chantres ; comme si cette exécrable...., je veux dire cette sainte guerre devait être la ruine de tout le monde ! Bientôt il n'y aura que les soldats auxquels le pain sera assuré ! Ne pouvant plus chanter dans la chapelle Sixtine, je vais à Casalmaggiore rejoindre une sœur auprès de laquelle j'espère vivre en paix en donnant des leçons de musique. »

— « Ne vous a-t-on pas assuré une pension de retraite ? »

— « Si vraiment : ces gens nouveaux ont cru faire beaucoup en me laissant une partie de mon traitement. »

— « Ce qui fait ? »

— « 150 écus romains, monsieur. »

— « Ce n'est pas déjà si mal.... Mais on n'a donc pas conservé la musique de Saint-Pierre ? »

— « Eh ! si, monsieur ; et c'est là l'injustice criante ! on garde les basses, les ténors ; quant aux soprani, on prétend que le pape ne veut plus nous entendre, que notre présence est une insulte à la religion, que sais-je, moi ?.... Une foule d'absurdités, monsieur, car une musique vocale sans soprano, cela peut-il se comprendre ? »

— « Il me semble, en effet, que cela doit lui faire perdre beaucoup; mais j'avoue que je préfère les voix réellement féminines. »

— « Des femmes chanteraient dans Saint-Pierre ! Ah ! monsieur, ce serait une indécence sans exemple ! »

— « Vous trouverez peu de monde de votre avis ; au contraire, vous entendrez généralement approuver une réforme qui, depuis longtemps, aurait dû être radicalement accomplie, en détruisant une spéculation barbare. »

Le gros homme me regarda d'un air ébahi.

« Vous me paraissez, lui dis-je, peu enthousiaste du pape Pie IX et de ses réformes, et pourtant vous chantiez tout à l'heure l'hymne patriotique. »

— « Ah! monsieur, affaire de métier. Et puis, voyez-vous, je suis patriote aussi libéral que Ciciruacchio lui-même. »

Sans être convaincu de cette dernière assertion, j'en savais assez sur mes compagnons de voyage. Peu enthousiasmé du capitaine, j'éprouvais un certain dégoût pour le *musico*. Aussi, prenant un livre, je les laissai s'endormir chacun de leur côté, me contentant de stimuler de temps à autre la paresse de notre *vetturino*.

Vers les cinq heures du soir nous arrivâmes à Brescello, où nous dûmes mettre pied à terre pour traverser le Pô sur le bac. Le coup d'œil du fleuve était vraiment superbe. Une compagnie de pontonniers était en train de jeter un pont sur chevalets; une partie des soldats, montés dans de grands bateaux, revenaient vers le rivage; le soleil s'abaissait vers l'occident, et des rayons de feu, réflétés par les flots du grand fleuve italien, inondaient de lumière son cours majestueux. Les soldats, tête nue, le visage hâlé et les yeux fixés vers le nord, chantaient en chœur l'hymne de l'indépendance; sur les deux rives, de nombreux groupes d'hommes et de femmes unissaient leurs voix à la leur. Cette scène avait vraiment quelque chose de grandiose.

Tout à coup, les voix s'arrêtèrent comme par enchantement; nos rameurs posèrent sur leurs avirons et restèrent immobiles: un bruit sourd et lointain venait d'arriver jusqu'à nous.

Au bout de quelques minutes, ce bruit se répéta; il n'y avait plus à s'y tromper: c'était le canon. Aussitôt, à terre comme dans les bateaux, hommes et femmes tombèrent à genoux; les soldats, agitant en l'air leurs bonnets, reprirent avec un nouvel enthousiasme le chant interrompu, tandis que sur notre barque pesante nous cédions, nous aussi, à cet élan patriotique, tout en redoublant d'efforts pour atteindre plus tôt le rivage.

Peu d'instants après avoir abordé, nous entrions à Viadana, chef-lieu de district de la province de Mantoue. C'était le lieu marqué pour notre dîner; mais comme il n'était que six heures, je dis au capitaine :

— « Je vais faire changer de chevaux, et nous continuerons directement notre route. Il est tard, mais j'ai hâte d'apprendre des nouvelles. »

— « Ma foi, Excellence, je trouve que c'est bien nous aventurer; nous pouvons trouver des coureurs ennemis et nous faire prendre avant de rejoindre les nôtres. Je crois qu'il vaudrait mieux dîner. Pendant ce temps-là nous recevrons peut-être des nouvelles, d'après lesquelles vous réglerez votre marche. »

Le conseil était raisonnable, et je me décidai à le suivre.

Pendant qu'on nous préparait à dîner, j'allai dans la ville. Toute la population était dehors, dans l'attente de quelques nouvelles ; mais personne ne put me donner le moindre renseignement. J'appris seulement que le bruit du canon se faisait entendre depuis onze heures du matin, et indiquait par sa direction que le combat avait lieu du côté de Curtatone. Les Toscans avaient donc dû avoir un vigoureux engagement dans la journée. Comme depuis longtemps le canon s'était tu, je rentrai à mon auberge, où je trouvai mes compagnons de voyage déjà installés à table.

Au train dont il y allait, le capitaine menaçait de ne rien laisser aux autres. Je me hâtai de me servir, en lui disant :

« Diable ! capitaine, on voit que l'odeur de la poudre vous donne de l'appétit. »

— « Excellence, c'est vrai : jamais je ne mange mieux que lorsque j'entends le canon. »

— « Vous l'avez donc entendu déjà ? »

— « Mais... à toutes les grandes fêtes. »

Je ne pus m'empêcher de rire du sang-froid avec lequel il me répondait de la sorte. Le capitaine, quelque peu embarrassé, ne perdit pourtant pas la tête, et saisit ce moment pour s'adjuger les deux ailes d'un maigre poulet. Il allait même les entamer, lorsque la porte, poussée avec violence, donna passage à deux officiers toscans, suivis d'une jeune et jolie femme, pâle et effarée.

Tout le monde se leva instantanément. Les officiers, jetant leurs épées sur des chaises, s'écrièrent en nous regardant avec douleur :

« Battus ! mis en pleine déroute ! »

— « Comment ! major, m'écriai-je en m'adressant au plus âgé ; expliquez-vous ! »

— « Je ne saurais vous donner aucun détail, monsieur : car malheureusement, ayant été blessé à la jambe droite le 13 mai, j'étais à l'hôpital d'Ospedaletto, où ma femme était venue me rejoindre. Mais le lieutenant que voici, et auquel nous devons peut-être la liberté, était présent ; adressez-vous donc à lui. »

— « Vous étiez au combat ? demandai-je au lieutenant en me tournant de son côté. »

— « Oui, monsieur. »

— « Eh bien ! lui dis-je, j'espère que vous ne nous refuserez pas des détails que chacun de nous est avide d'entendre ; mais d'abord la déroute est-elle complète ?

— « Que trop, monsieur ! »

Je regarde le capitaine Gorgi (1) qui jusqu'alors s'était tenu à l'écart ; il me parut très-pâle et très-soucieux. Sortant enfin de sa rêverie, il vint serrer la main de ses compatriotes.

— « Tiens ! c'est toi, Gorgi ! s'écria le major en l'apercevant, et comment diable es-tu ici ? »

— « Mais je rejoignais l'armée. »

— « Tu t'es donc repenti d'avoir donné ta démission le jour où nous recevions l'ordre d'entrer en campagne ? »

---

(1) On comprend sans peine que Gorgi est un nom supposé.

— « Parbleu !... répondit d'une voix mal assurée le brave capitaine, perdant toute contenance. »

Sa figure m'eût amusé dans toute autre occasion ; mais, à l'instant même, je m'aperçus que la femme du major pâlissait de plus en plus. Je m'empressai de la faire asseoir près de moi et de lui faire prendre quelques aliments, ce qui lui eut bientôt rendu des forces. J'invitai les officiers à partager sans façons mon modeste dîner, et dès que nous eûmes fini, je priai le lieutenant de vouloir bien commencer son récit.

Je remarquai alors que le gros homme avait disparu. Je dis au garçon de l'appeler.

« Excellence, me répondit celui-ci, dès que ce gros monsieur a su la nouvelle du combat, il est reparti à pied, son paquet sous le bras, pour Brescello. »

— « Le lâche ! s'écria le capitaine Gorgi avec un superbe dédain ; mais après tout, ce n'était pas un homme ! Allons, Maldacini, conte-nous un peu toute l'affaire. »

— « Volontiers ! dit le lieutenant dont j'appris ainsi le nom : mais, comme peut-être vous ne savez pas dans quelles conditions nous nous trouvions avant le combat, je prendrai mon récit d'un peu plus haut. »

Chacun de nous repousse son assiette, et le lieutenant Maldacini, lisant dans nos regards notre impatiente curiosité, alluma froidement un cigare, et après avoir vidé son verre, commença le récit suivant :

« L'armée sarde, voulant couvrir le siége de Peschiera, occupe depuis quelque temps les fortes positions qui entourent cette place. Le quartier général du roi Charles-Albert est à Somma-Campagna. Le général Bava, commandant du second corps, a échelonné ses deux divisions et la réserve commandée par S. A. R. le duc de Savoie, depuis Somma-Campagna, Custorra, Valeggio et Volta jusqu'à Goito. Le général de Sonnaz, chef du second corps, s'est établi depuis Osteria del Rosco, Cavalcasella, Salianza et Mozembano, autour de Peschiera, étroitement bloquée de la sorte de toutes parts, car les bateaux du lac sont tous en notre pouvoir. Le siége de cette place est plus spécialement confié à S. A. R. le duc de Gênes. Quant au corps toscan, composé de 6,000 hommes environ, dont 4,000 hommes d'infanterie de ligne, 1,200 volontaires commandés par des professeurs de l'École de Pise, élus officiers par cette brave jeunesse, d'un bataillon napolitain du 10e d'infanterie, d'une centaine de dragons et d'une batterie d'artillerie ; il fut destiné à contenir la garnison de Mantoue du côté de la Lombardie, et occupa en conséquence, à cinq milles en avant de Goito, les positions de Curtatone et de Montanara, appuyant ainsi sa gauche au lac, étendant sa droite vers l'Oglio jusqu'à Montanara. Le général Laugier, notre chef, avait confié au colonel Giovanetti le commandement de l'aile droite, se réservant plus spécialement celui du centre et de l'aile gauche. Le 13 mai, un corps de 3,000 Allemands, sorti de Mantoue avec six pièces d'artillerie, voulut tenter de nous déloger ; mais ayant été reçu très-vigoureusement, il dut se retirer avec perte. »

Ici, le lieutenant se tourna vers le major, et ajouta en nous le montrant :

— « C'est dans ce combat que le major Fortini fut blessé, tandis qu'il combattait avec une rare valeur à la tête de son bataillon. »

— « Continuez, mon cher ami, dit le major avec modestie, je n'ai fait que mon devoir et je fus plus épargné que bien d'autres qui trouvèrent une mort glorieuse dans cette belle journée. »

— « Mon bien cher mari, s'écria la jeune italienne, moi je suis fière de votre courage, et je voudrais que vos louanges fussent entendues de tout le monde. »

En même temps, elle prit la tête martiale du major entre ses mains et l'embrassa avec une tendresse orgueilleuse. Nous nous mîmes à sourire. Le lieutenant reprit :

— « Notre ministre de la guerre, don Neri Corsini, était présent à cette affaire et sut prouver, par son sang-froid, que, dans sa famille, le courage est égal à l'élévation des sentiments.

« Tout le monde avait bien fait son devoir; aussi un noble orgueil et peut-être une trop grande confiance s'emparèrent-ils de nous.

« Le capitaine Carminati et l'adjudant Preklener, tous deux lucquois, s'étant aussi singulièrement distingués, devinrent les idoles de nos troupes. Nos volontaires, enflammés d'ardeur, n'aspiraient plus qu'au jour où l'ennemi viendrait nous donner une nouvelle occasion de triomphe. Aussi, lorsqu'hier, dans la nuit, le capitaine d'état-major piémontais de Villa-Marina apporta au général Laugier, l'annonce qu'un corps d'environ vingt mille Autrichiens était entré dans Mantoue et nous attaquerait peut-être aujourd'hui même, pas un de ceux qui l'apprirent n'eut le moindre doute sur le résultat de la journée.

« Le général Bava, qui nous envoyait cet avis, en jugeait autrement : car il recommandait à notre général de concentrer ses troupes en cas d'attaque, afin de défendre ses positions autant qu'il le croirait possible, puis de se retirer sur Goito, où il trouverait des renforts, l'armée piémontaise s'avançant vers ce point, mais ne pouvant, vu la distance, arriver à temps pour nous secourir à Curtatone même.

« Ce matin, dès la pointe du jour, le général Laugier a visité tous nos postes, et, après avoir relié la position de Curtatone, où se trouvaient massées ses forces principales, avec celle de Montanara, en postant au centre un bataillon de volontaires, il avertit le colonel Giovanetti de se tenir sur le qui-vive.

« On ne nous avait pas trompés : vers dix heures du matin, nos vedettes nous signalaient l'approche de l'armée ennemie, et à midi, un feu bien nourri de mousqueterie et d'artillerie s'ouvrait sur tout le front de notre position.

« Des plantations d'arbres enlacés de vignes couvertes de feuilles dissimulaient à nos soldats la force immensément supérieure de nos ennemis ; et d'ailleurs le souvenir du 13 mai était là pour animer leur courage : aussi le combat fut-il soutenu avec une rare énergie jusqu'à trois heures de l'après-midi. L'ennemi, surpris d'une défense à laquelle il était loin de s'attendre, fut forcé plusieurs fois de se retirer en désordre. Malheureusement, nous avions trop peu de troupes pour reprendre contre lui l'offensive en temps opportun, et nous ne pouvions profiter des moments favorables pour le refouler, lorsque notre feu portait la terreur dans ses rangs. Le général Laugier, jugeant bien qu'une plus longue résistance nous deviendrait fatale, donna l'ordre de la retraite: mais, tandis que les troupes obéissaient, nos volontaires indignés ne voulaient pas quitter leur poste et criaient que la retraite serait une lâcheté; que, vainqueurs le 13 mai, ils sauraient aussi le devenir par leur opiniâtreté le 29.

« La retraite fut donc forcément suspendue, le général ne pouvant se décider à compromettre ces braves étudiants, en les abandonnant dans un tel danger. Une batterie d'artillerie avait été placée en avant du village de Curtatone; son feu bien dirigé incommodait sensiblement les Autrichiens; aussi avaient-ils concentré le feu de deux batteries contre la nôtre. Les artilleurs tombaient frappés à mort à chaque instant, mais aussitôt d'héroïques jeunes gens se trouvaient tout prêts à les remplacer; le combat devenait de plus en plus furieux sur ce point; nos munitions étaient presque épuisées, un seul caisson n'avait pas encore été entamé, lorsqu'une fusée à la congrève vint y mettre le feu. La détonation fut terrible, ses effets épouvantables; le brave Cipriani, renversé à terre, vit ses vêtements enflammés lui brûler le corps. Aussitôt, monsieur, il les déchire avec sang-froid, les rejette loin de lui et court à son logement prendre de nouveaux habits; un quart d'heure après il était de nouveau auprès des pièces, les mains et le visage horriblement brûlés, et remplaçait, malgré d'affreuses douleurs, un chef de pièce tué quelques instants auparavant.

« Deux autres artilleurs ayant eu leurs habits brûlés, s'en dépouillèrent rapidement et continuèrent de combattre comme des lions, malgré leur nudité. »

— « Brave Cipriani ! s'écria le major; comme je reconnais bien là son courage indomptable ! »

— « Est-ce de Leonetto Cipriani (1) que vous parlez, lieutenant? »

— « Non, monsieur, c'est de son frère; l'un et l'autre ont su acquérir des titres à la reconnaissance de l'Italie dans cette triste mais glorieuse journée. Après le désordre qui suivit cette malheureuse explosion, et l'épuisement de nos munitions, il ne fallait plus hésiter à se retirer.

« Les ordres furent donnés immédiatement, et le général, voyant des houlans ennemis faire mine de s'avancer, ordonna à notre escadron de dragons de les charger. Nos hommes, intimidés par le nombre des ennemis, hésitaient, quand le général, s'élançant à leur tête avec Leonetto Cipriani, les lança lui-même sur l'ennemi. Dans ce moment, un boulet vint frapper le cheval du général; il tomba et resta la jambe engagée sous le corps de son cheval. Nos

(1) MM. Cipriani sont deux frères, corses de naissance, établis depuis longtemps en Toscane.

dragons passèrent au galop, ainsi que les ennemis, pardessus le brave Laugier, calme et résigné en face de cette mort imminente, à laquelle il n'échappa que par miracle. Leonetto Cipriani avait pourtant cherché à résister au choc de l'ennemi; toutefois, entraîné par ce tourbillon, il allait passer outre, lorsqu'il reconnut le général couvert de sang et de poussière, alors qu'il venait de se dégager de dessous son cheval, après les plus grands efforts.

« Oubliant le danger et la perspective presque certaine d'être fait prisonnier, Leonetto mit pied à terre et força le général à prendre son cheval.

« — Allez, n'hésitez pas, lui dit-il, votre présence sera plus utile que la mienne pour la retraite.

« Le général voulait résister; mais si vous connaissez Cipriani, monsieur, vous savez s'il est facile de résister à sa volonté de fer ! »

Voyant que cette interrogation m'était adressée, je répondis en m'inclinant légèrement :

— « En effet, je connais M. Cipriani pour un homme très-énergique. »

— « Ajoutez noble et généreux, ajouta le major. Mais dites-moi, Maldacini, que faisait Giovanetti pendant tout ce temps? »

— « Giovanetti, reprit le lieutenant, se battait comme un lion à la tête de ses troupes. La retraite était déjà commencée à Curtatone depuis une demi-heure, lorsque le général, entendant l'artillerie tonner encore à Montanara, me dit : « Je ne comprends pas ce que l'on fait à notre aile droite; j'ai déjà envoyé deux fois à Giovanetti l'ordre de se retirer; peut-être ne lui sera-t-il pas arrivé. Partez et tâchez de pénétrer jusqu'à lui. »

« Je pris aussitôt le cheval d'un dragon blessé à mort, et parvins, malgré la rencontre de bataillons ennemis, jusqu'à notre aile droite. Je la trouvai qui s'avançait en bon ordre pour se rallier au gros de nos forces. Les Napolitains faisaient merveille; les volontaires combattaient comme de vieux soldats; la ligne marchait avec confiance. Lorsque j'eus communiqué au colonel les ordres du général :

« Vous voyez, me dit-il; que je les prévenais, mais vous êtes le premier qui me les apportiez. »

« Dans ce moment, notre colonne vit paraître devant elle un bataillon autrichien, et les cris de : *Nous sommes des frères! Ne nous faites pas de mal!* vinrent frapper nos oreilles. La malheureuse similitude d'habillement (1) de nos troupes avec celles de l'ennemi nous fit donner dans le piége. Mais lorsque nous fûmes à cinquante pas, une horrible décharge vint décimer nos rangs. Les soldats effrayés reculèrent en désordre; en vain Giovanetti se prodiguait, il lui fallut se jeter dans les champs, abandonner les canons et chercher à se frayer une nouvelle retraite vers l'Oglio. C'est alors que, frappé des dangers

(1) A cette époque, les troupes toscanes portaient encore l'uniforme autrichien; ce ne fut qu'après le combat de Curtatone que l'on remplaça cet uniforme par un costume qui ne pouvait plus donner lieu à de semblables méprises.

que pouvaient courir nos blessés déposés à Ospedaletta, le colonel Giovanetti me dit :

« Partez, courez et faites évacuer nos blessés. »

« Je le quittai, malgré ma répugnance à l'abandonner dans un tel moment. Dieu sait s'il me sera donné de le revoir encore ! »

Le lieutenant s'était tu, et chacun de nous restait silencieux, réfléchissant avec amertume à ce premier revers des armes jusqu'alors victorieuses de l'Italie, lorsque la femme du major Fortini, se levant de table, vint tendre la main au jeune lieutenant, en lui disant :

« Pardonnez-moi, car je vous ai mal jugé. En vous voyant arriver à Ospodaletta sur un cheval épuisé de fatigue, votre pâleur m'avait portée à méconnaître votre caractère, mais j'éprouve trop de joie, en sachant la vérité, pour que vous ne m'excusiez pas si, dans le premier moment, j'ai eu une mauvaise opinion de vous. C'était d'autant plus mal à moi, monsieur, dit-elle en se tournant de mon côté, que sans lui nous serions probablement au pouvoir des Allemands. »

Le jeune lieutenant prit la main qu'on lui tendait, et, regardant le major, répliqua gaiement :

« Madame, vous pouvez me payer de tous mes services et me prouver vos regrets de m'avoir pris pour un lâche. Vous avez la plus jolie fossette du monde ; laissez-moi vous embrasser, si le major le permet, et je reste votre débiteur. »

— « Qu'il soit fait comme vous le désirez, mon brave compatriote, si ma femme le trouve bon. »

Le major se prit à rire avec bonhomie, et le lieutenant s'empressa d'user d'une permission qu'on lui accordait de si bonne grâce.

Je pensais qu'il serait prudent de faire prendre quelques précautions dans la ville; j'en parlai au major, il approuva mon dessein, et nous nous acheminâmes tous deux vers la municipalité. La nouvelle de la déroute était déjà ébruitée; toute la population se pressait dans les rues; on voyait la crainte et la tristesse empreintes sur tous les visages. J'avais eu soin de mettre mon uniforme d'officier de la garde nationale. Aussi, lorsque nous entrâmes dans la salle du conseil, je vis que l'aspect de cet habit faisait une certaine impression, et je résolus d'en profiter.

M'adressant aux membres du conseil, je louai le zèle qui les avait fait se réunir pour aviser aux besoins d'une semblable situation, puis je les priai de me faire donner une carte du pays. L'ayant examinée, j'ajoutai :

« Messieurs, un combat malheureux a entraîné la déroute d'une partie du corps toscan. Cet avantage, que les ennemis ont dû à une surprise, n'est rien en lui-même, puisque la plus grande partie de cette division a su conserver ses positions à Curtatone, comme vient de me l'apprendre le major que voici (je lui fis un signe d'intelligence); mais, comme des fuyards jetteraient le plus grand effroi dans la campagne et que, si on les laissait passer outre, ils en profiteraient peut-être pour retourner dans leur pays, je crois qu'il faudrait appeler la garde nationale sous les armes, établir des postes avancés en dehors de la ville, barricader les débouchés des rues, afin de se garantir d'une surprise des coureurs ennemis; faire circuler des patrouilles le long du Pô, pour ramasser les fuyards et de les diriger sur la ville. Enfin, il serait bon de défendre aux bateliers, sous les peines les plus sévères, de passer qui que ce soit sur leurs barques, il faudrait, au contraire, réunir immédiatement toutes les embarcations, pour le cas où, le lendemain matin, il serait nécessaire d'évacuer les blessés. »

On approuva fort mon discours, et des ordres furent aussitôt donnés pour mettre à exécution ces conseils. Rentrés à l'auberge, nous retrouvâmes tout le monde à table. Le capitaine parlait avec véhémence, disant qu'il ne se consolerait jamais de ne pas avoir assisté à cette terrible journée; que, s'il eût été là, on aurait vu ce qu'il savait faire, ayant soin d'accompagner chacune de ces rodomontades d'une rasade copieuse.

— « Capitaine, lui dis-je, votre courage trouvera d'autres occasions de se signaler; et, puisque vous êtes si plein d'ardeur, je vais vous donner une bonne nouvelle: je pars demain à quatre heures du matin; tenez-vous donc prêt, et à midi vous pourrez sans doute remettre votre uniforme. »

La figure du capitaine changea aussitôt d'expression, mais, après quelques minutes d'hésitation il reprit avec assurance :

— « Ah! Monsieur, je vous suis bien reconnaissant; mais comment voulez-vous que je quitte mes frères d'armes dans un pareil moment? Oh! ce serait une lâcheté; et *Corpo di Bacco!* Gorgi n'abandonnera jamais ses amis. »

Cet accès de tendresse martiale me paraissait des plus suspects. Voulant mettre mon bravache au pied du mur, j'ajoutai :

— « Mais je ne suppose pas que le major puisse rejoindre l'armée, blessé comme il l'est ; vous irez donc avec le lieutenant ?

— « Excellence, reprit-il, le major est mon ancien ami ; il est blessé, je lui dois mes soins ; je ne le quitte plus. »

— « Je te remercie beaucoup, Gorgi ; mais tes soins me seraient inutiles ; j'en ai de plus tendres et de plus intelligents auprès de moi, lui dit le major en regardant affectueusement sa femme. »

Le capitaine était décontenancé ; la jeune femme souriait avec mépris ; elle se pencha vers moi et me dit :

— « Laissez-le, monsieur ; il ne serait qu'un embarras pour vous, et rien ne lui fera faire un pas de plus en avant ; nous le connaissons de longue date. »

— « Je crois que vous avez raison, madame. Adieu donc ; puissiez-vous être assez heureuse pour ramener votre mari sain et sauf à Florence, et jouir en paix de la belle réputation qu'il s'est acquise. Messieurs, la journée d'aujourd'hui est néfaste ; mais bientôt, je l'espère, de nouveaux lauriers viendront consoler vos drapeaux de ce léger échec. »

Me levant alors, je donnai le signal de la retraite, en prenant congé de mes compagnons de table.

GOITO.

6.

CHAPITRE CINQUIÈME.

GOITO.

Le lendemain, je partis à cinq heures du matin de Vindana. La défaite des Toscans m'avait fait modifier mes projets en ce sens que je voulais me rendre directement à l'armée du roi de Sardaigne au lieu de commencer par aller au camp toscan. Je me dirigeai vers Casalmaggiore, afin d'éviter les coureurs ennemis : le circuit me faisait rejoindre, par Piadena, l'armée piémontaise.

La route que je parcourais était couverte de fuyards pressés de franchir le Pô, ne voyant de salut qu'au delà de ce fleuve. A Casalmaggiore, je trouvai les débris de la colonne du colonel Giovanetti. J'allai offrir mes faibles services à ce brave officier. Il me demanda une carte et me pria de faire savoir au général Laugier sa situation et son intention de se diriger sur Piadena. Il ne restait autour de lui qu'une compagnie du 10e de ligne napolitain (1), deux compagnies de Toscans, une vingtaine de dragons et une centaine de volontaires. Arrivé à Piadena, je ne pus obtenir de chevaux à la poste; tous étaient en course. Les rues, encombrées de chariots, de bagages, de recrues, de valets d'armée, montraient assez que le théâtre de la guerre s'était rapproché. Voyant que je courais risque de perdre toute la journée, je me rendis à la municipalité. Je m'adressai à un petit vieillard sec et maigre, qui visait les feuilles de route de plusieurs soldats. Dès que je lui eus expliqué les motifs de ma visite :

— « Des chevaux ! s'écria-t-il d'un ton rogue, des chevaux ! mais il n'en existe pas, monsieur ! A chaque instant on vient en demander ! Croyez-vous que je puisse en créer ? »

— « Je ne vous crois pas, en effet, une telle puissance, lui dis-je en souriant, mais je suis convaincu que vous en avez une assez efficace pour qu'un ordre écrit de votre main m'en fasse trouver sur-le-champ. »

---

(1) Ce régiment napolitain, ayant rejoint le corps toscan avant le contre-ordre donné à ses troupes par le roi de Naples, prit part aux opérations militaires, jusqu'au milieu de juillet, époque à laquelle il retourna à Naples emportant avec lui les regrets et l'estime de toute l'armée.

— « Et qui êtes-vous pour demander des chevaux ? »

— « Je suis Français, et je dois être rendu sans faute ce soir au quartier-général. »

A cette réponse, le petit vieillard changea de ton et de manières ; sa voix devint douce, affectueuse ; sa main m'avança un siége sur lequel il me contraignit à m'asseoir, puis, écrivant rapidement une cédule de réquisition pour deux chevaux, une voiture et un postillon, sur une feuille de papier, il la remit à l'un de ses employés en lui prescrivant la plus grande diligence. Cela fait, il reprit la conversation en ces termes :

« Monsieur est peut-être envoyé pour annoncer l'arrivée des Français ? »

Devinant l'erreur à laquelle je devais l'empressement mis à me procurer des chevaux, je n'eus garde de la dissiper entièrement, et ne voulant pas, néanmoins, porter atteinte à la vérité, je me contentai de répondre par un jeu de physionomie difficile à interpréter. Mon interlocuteur m'offrit alors une prise de tabac, étendit ses jambes avec complaisance et continua de l'air le plus affable :

« Vraiment, monsieur, les Français n'ont que faire ici, car les Piémontais se tirent très-bien d'affaire, et *l'Italia fara dà se*, comme on le dit maintenant. Vous savez la victoire d'hier. »

— « Comment ! la victoire, vous voulez dire la défaite ? »

— « Oh ! vous parlez des Toscans ; ce n'est que trop vrai, ils ont été battus ; mais pendant ce temps-là, les

Piémontais battaient les Allemands à Colmasino, sur les bords du lac de Garda. «

— « A-t-on quelques détails sur cette affaire ? »

— « Très peu, monsieur, nous savons seulement que les Autrichiens ont tenté, à l'aide de sept mille hommes, de jeter des secours dans Peschiera, en tournant les positions de l'armée par Colmasino; le brave général Bès les a vigoureusement repoussés, ce qui forcera bientôt la place à se rendre, car elle est en piteux état. Ah ! monsieur, quelle terrible chose que la guerre ! On ne peut plus faire d'affaires ; le pauvre monde est ballotté dans tous les sens ; aujourd'hui, il faut crier · Vive l'Italie ! demain peut-être, il faudra rentrer les bannières tricolores, et préparer une harangue pour le général autrichien. Avez-vous une maison, on vous la bombarde, et c'est ce qui m'arrive à Peschiera, où mon père m'a laissé une jolie maisonnette dont il ne reste plus peut-être pierre sur pierre à l'heure qu'il est ! ! »

— « La défense est donc vigoureuse ? »

— « Parbleu ! le vieux Bath, le gouverneur, est un de ces soldats qui ne plaisantent pas. Il a repoussé les sommations qui lui furent faites le 13 avril, et c'est bien dommage : car qui souffre, je vous le demande, de toutes ces prouesses et de tous ces points d'honneur ? Le petit propriétaire, monsieur, le petit propriétaire ! Oh ! la guerre, c'est la peste de la Lombardie ; c'est une épidémie qui vient nous visiter tous les quarts de siècle, comme chez vous les révolutions. »

— « Il est vrai, répondis-je, sans pouvoir réprimer un

sourire à ce petit sarcasme, que nous aimons assez les changements; mais vous-mêmes, Lombards, vous n'en êtes pas trop ennemis. Vous voici en pleine insurrection, et peut-être qu'une fois que vous serez vos maîtres, vous n'en aurez pas plus de stabilité. »

Le petit vieillard me jeta un coup d'œil investigateur, comme pour sonder ma pensée, tout en plongeant ses doigts dans sa tabatière ornée d'un portrait du Saint-Père. Puis, après avoir aspiré bruyamment du tabac, il reprit, d'un air moitié content, moitié fâché :

— « Croyez-vous, monsieur, que le roi de Piémont se serait dérangé de si loin pour nous laisser là, une fois la chose finie ? Non, non, allez ! c'est un fin renard ! Nous deviendrons piémontais, cela vaut encore mieux que d'obéir à Milan. »

— « Beaucoup de monde pense-t-il comme vous ?

— « Mais dans nos pays c'est l'opinion générale ; aussi, je vous le répète, les Français n'ont rien à faire chez nous. Mais peut-être en jugent-ils différemment, eux ? »

Comme on venait de m'avertir que la voiture était prête, je pris congé du petit vieillard sans répondre à cette nouvelle interrogation, ce qui parut le contrarier vivement.

La voiture dans laquelle je montai était une excellente calèche attelée de deux bons mecklembourgeois. J'y trouvai mon domestique et mon bagage déjà installés.

A peine avais-je quitté Piadena, que le canon se fit entendre dans la direction de Goito. Je fis fouetter les chevaux et bientôt j'arrivai à Guidizzolo. Là, je retrouvai un autre débris du corps toscan. Je m'arrêtai pour informer le général Laugier de la situation du colonel Giovanetti et pour avoir des renseignements sur la bataille dont la formidable voix arrivait jusqu'à nous.

Les soldats toscans paraissaient inquiets; on voyait qu'ils avaient la mémoire encore fraîche de leur défaite de la veille. Tout à coup, quelques coups de fusils se font entendre; le cri : *Tedeschi!* (les Allemands) circule comme par enchantement; la foule fuit dans toutes les directions; les paysans effarés courent à toutes jambes, poussant devant eux leur bétail; les femmes emportent leurs enfants dans leurs bras; la confusion est au comble, la panique est générale. Tout à coup, la scène change; un dragon arrive au galop en criant :

« Mantoue est prise! »

Aussitôt, chacun s'arrête; on apprend que les coups de fusils entendus ont été tirés par des volontaires en signe de réjouissance; un hurrah général monte dans les airs; tout le monde se regarde étonné; un rire homérique part de toutes les bouches, et chacun se jette pêle-mêle au cou de son voisin. Heureux ceux que le sort plaça, dans cet instant, près d'une des gracieuses filles de la Lombardie! Ses lèvres purent recueillir le souffle d'une fraîche accolade. Mais hélas! de tels bonheurs furent bien rares, et, pour moi, je n'eus en partage que l'étreinte inattendue d'un gros paysan, et la grossière senteur de l'ail et de l'oignon.

Le calme s'étant un peu rétabli, j'en profitai pour partir et j'arrivai à Volta à quatre heures, entendant toujours sur ma droite une vive canonnade qui me prouvait assez que Mantoue était loin d'être prise. Le village de Volta, bâti sur une colline escarpée, est une des fortes positions militaires qu'offre cette magnifique arène comprise entre le Tyrol et le Pô, qu'ont illustrée tant de célèbres combats.

Deux routes conduisent de la plaine au village; l'une, s'élançant en ligne droite et presque à pic au centre des maisons ; l'autre, contournant par une pente uniforme, bien qu'assez roide, le mamelon au haut duquel elle va aboutir. A une centaine de pieds d'élévation au-dessus de cette dernière, se trouve une assez vaste église dont le portail donne sur une belle terrasse. De là, on découvre sur la droite Castiglione-delle Stuviere et Piadena ; en face de soi, Goito et Mantoue ; sur sa gauche, Valeggio, Custoza ; puis, plus loin encore, non loin de Vérone, les clochers de Villa-Franca. Le Mincio coupe en deux parties presque égales ce vaste panorama. La profondeur et l'impétuosité de ses eaux, à toutes les époques de l'année, en font une de ces fortes barrières naturelles qui semblent préparées par la nature pour contenir l'ambition des conquérants.

Du haut de cette terrasse, on pouvait reconnaître, par les masses de fumée s'élevant au-dessus des rideaux de mûriers, le théâtre de la bataille, à environ trois lieues vers le sud; mais la culture du pays, par sa riche exubérance, ôtait toute possibilité de juger des incidents de l'action et des manœuvres qui s'exécutaient. Aussi, descendant promptement de mon observatoire, j'entre chez un paysan; je demande un cheval; il en a un vieux, poussif, laid, petit et rétif; n'importe, je l'achète.

— « Cent francs ! me crie Don Luigi. »

— « Va pour cent francs ! »

Cinq minutes après, je courais dans la direction de Goito, guidé par le bruit du canon et de la mousqueterie.

Goito est un nom qui marquera dans l'histoire du Piémont. Déjà, au début de la campagne, un brillant fait d'armes avait eu lieu à ce même endroit, lors du passage du Mincio par les Piémontais, le 8 avril 1848. Cette affaire n'avait été qu'un vigoureux combat d'avant-garde; mais, le 30 mai, c'était une véritable bataille qui se trouvait engagée sur la rive droite du fleuve; ses résultats pouvaient être d'une importance presque égale pour les deux armées. Si les Autrichiens étaient vainqueurs, ils pouvaient espérer d'arriver à temps pour faire lever le siége de Peschiera, et, en tous cas, ils étaient certains de séparer l'armée piémontaise de sa base d'opérations, en la forçant à une retraite précipitée sur Brescia. Dès lors, ils pouvaient pénétrer jusqu'au cœur de la Lombardie et arriver même, sans coup férir, jusqu'à Milan.

Si, au contraire, les Piémontais remportaient la victoire, la prise de Peschiera était assurée, les espérances du parti exalté étaient anéanties, la Lombardie se donnait de plein gré au Piémont, et le roi se trouvait en mesure de combiner de nouvelles opérations, s'il n'aimait mieux conclure une paix glorieuse pour ses armes comme avantageuse pour ses peuples.

C'était le 28 au soir que le roi avait été prévenu des mouvements des Autrichiens.

Son quartier général se trouvait alors à Somma-Campagna, et l'armée protégeant le siége de Peschiera, se trouvait répartie dans les fortes positions qui s'étendent depuis ce point jusqu'à Colmasino. Goito était occupée par un faible détachement destiné à garder ce passage sur le Mincio, ainsi qu'à relier avec le gros de l'armée la division toscane campée à Curtatone.

Divers rapports s'accordant sur la quantité des forces sorties de Vérone pour se rendre à Mantoue, ainsi que sur la présence du maréchal Radetzki et de deux archiducs au milieu des troupes dans cette dernière ville, on comprit que toute l'armée ennemie allait fendre et écraser le corps toscan. Le roi dirigea aussitôt une partie de ses forces vers Goito, se flattant d'y arriver à temps pour recueillir les Toscans auxquels il enjoignit d'avoir à se replier sur cette position. Ce but n'avait pas pu être atteint comme il a été dit plus haut. Le général Bava n'était arrivé le 29 au soir, avec quelques escadrons, que juste à temps pour arrêter la poursuite de l'ennemi. Toutefois l'énergique résistance des Toscans dépassant l'attente du maréchal Radetzki, causa un retard notable dans la marche des Autrichiens, et permit aux renforts amenés par le roi, de se trouver réunis le 30 mai au matin, dans la plaine de Goito.

Le général Bava prit aussitôt ses dispositions pour recevoir la bataille. Ses forces consistaient en vingt-quatre bataillons d'infanterie, six compagnies de Bersaglieri (1), quatre régiments de cavalerie et cinq batteries d'artillerie (2), le tout formant un effectif d'environ dix-huit mille baïonnettes, deux mille chevaux et quarante pièces d'artillerie.

Il appuya son aile gauche au village de Goito, situé dans un fond, sur la rive droite du Mincio, traversé en cet endroit par un pont en pierre. Il préposa à la garde de ce village, un bataillon du 10e de ligne napolitain et trois compagnies de Toscans. Le centre s'étendait depuis la patte d'oie formée par les routes de Cerlungo, Santo-Lorenzo, Gazzoldo et Mantoue, jusqu'à vers deux kilomètres de Callapane; l'aile droite était refoulée et s'étendait dans la direction de Callapane (3).

L'armée se trouvait rangée sur trois lignes, la masse des réserves était en arrière de la patte d'oie. Le général d'Avrillars commandait l'aile droite, le général Ferera l'aile gauche. Le général Bava s'était réservé le commandement

---

(1) Le corps des Bersaglieri est un corps de tirailleurs organisé à l'instar de nos chasseurs de Vincennes, par le général Alexandre La Marmora, un des officiers les plus distingués de l'armée sarde.

(2) Les batteries piémontaises sont composées de huit pièces.

(3) J'aurais dû, d'après les règles adoptées par les écrivains militaires, tracer la position de l'armée en commençant par l'aile droite. Mais celle-ci n'ayant aucun point de repère facile à saisir sur la carte, j'ai cru, préférable, pour l'intelligence du lecteur, de m'écarter de la règle et de commencer par l'aile gauche.

du centre et la direction générale de la bataille. En avant du front de l'armée, le terrain subissait une assez forte dépression et formant une petite vallée large de trois cents pas environ, au delà de laquelle de belles plantations de mûriers masquaient la route de Mantoue par Sacca.

Pendant que les Piémontais se préparaient à combattre l'armée autrichienne, celle-ci, reposée du combat de la veille, se remettait en marche. Elle était divisée en deux corps : l'un, fort de douze mille hommes, sous le commandement du général d'Aspre, inclinait à gauche et se dirigeait vers Castelluccio et Cerasara ; l'autre fort de dix-huit mille combattants, commandé par le maréchal Radetzki, marchait sur Goito, par Rivalta et Sacca.

Monté sur mon mauvais bidet de paysan, je parcourais le champ de bataille ; j'arrivai trop tard pour bien me rendre compte des dispositions stratégiques des deux armées, mais je cherchais du moins à embrasser la bataille dans son ensemble, et je tenais à voir le roi, les princes et l'ennemi.

Comme mon cheval pirouettait à chaque détonation, je me demandais pour qui on me prendrait, étant sans uniforme et faisant spectacle à tout instant, grâce à ce bienheureux quadrupède. Je me rassurai bientôt, en réfléchissant que, dans un tel moment, chacun avait trop à faire pour porter son attention sur un simple particulier chevauchant en curieux, au milieu de cette grande scène militaire.

Après avoir contemplé quelques instants le spectacle

que j'avais sous les yeux, je m'approchai d'un sergent d'artillerie, je l'interpellai en italien, il me répondit en français ; c'était un Savoyard, et notre langue commune nous mettant en confiance l'un vis-à-vis de l'autre, il répondit complaisamment à mes questions, que sur les deux heures l'armée ne croyait plus à la bataille, que le roi même était reparti pour Volta, lorsque tout à coup, les Autrichiens se sont présentés.

— « La bataille s'est aussitôt engagée, ajouta-t-il avec gaîté, et vous voyez que pour des hommes surpris, nous les recevons assez bien. »

— « C'est vrai, mon brave, lui répondis-je; mais pourriez-vous me dire où est le roi actuellement ?

— « Le roi ! monsieur, ah ! je n'aurai pas grand'peine pour vous le montrer. Tenez, voyez-vous là, à droite de cette batterie, ce grand homme maigre et pâle, en habit de général ?

— « Monté sur ce magnifique cheval noir ?

— « Oui, eh bien ! c'est le roi, le vaillant Charles-Albert ! »

Au même instant, un obus tomba aux pieds du cheval du roi, et vole en éclats. Je vois ce prince contenir son cheval d'un main exercée, sourire en regardant sa suite effrayée, et porter vivement la main à son oreille. Le roi a été atteint d'un éclat de pierre lancé par l'obus ; ce n'est pas une blessure, mais une galanterie de Mars.

J'ai vu le roi, il me faut voir à présent le duc de Savoie.

Je parviens à mettre au galop ma monture; je le dois sans doute à la peur qu'elle éprouve et à l'espérance qu'elle a de s'éloigner du combat. Bientôt une fusillade des plus vives vient la désabuser.

Cette fois-ci, nous sommes à l'aile droite; le combat y est acharné. Je cherchais le duc de Savoie, ce sont les Autrichiens que je rencontre. Ils poursuivent vivement un régiment piémontais; ils ont bien choisi le point faible de la position, cette aile est un peu en l'air et le terrain lui est défavorable. La victoire paraît se décider pour les Impériaux qui se battent à merveille; mais, en cet instant, je vois passer près de moi comme un tourbillon, un jeune officier général; son cheval arabe est couvert d'écume, le sang ruisselle sous les éperons qui le pressent.

Le cavalier, l'œil en feu, l'épée à la main, ses épaisses moustaches hérissées, se précipite vers un beau régiment de la garde.

A quelques pas du front, le jeune général s'arrête et s'écrie :

— « A moi, les gardes, pour sauver l'honneur de la maison de Savoie ! »

Un cri général répond à cet appel chevaleresque. Le régiment s'ébranle; le combat se rallume plus acharné; les Autrichiens s'arrêtent et reculent. Mais des renforts leur arrivent, ils reviennent à la charge, et menacent d'écraser le régiment des gardes dont les officiers déploient la plus belle valeur. Le jeune général paraît et disparaît tour à tour à mes yeux, au milieu de la fumée des feux de files, de pelotons et de tirailleurs ; il parcourt incessamment les rangs, encourage les soldats de la voix et du geste et, bien que frappé d'une balle à la cuisse, n'en reste pas moins inébranlable au plus fort du combat (1).

Enfin, le général d'Arvillars fait avancer une batterie légère et amène la brigade Cuneo au pas de charge. La batterie ouvre son feu, les Autrichiens s'arrêtent étonnés ; Cuneo entre en ligne et l'ennemi se met en pleine retraite.

Un officier blessé passe près de moi.

— « Monsieur, lui dis-je, quel est ce général qui vient de payer si bravement de sa personne ? »

— « C'est le duc de Savoie.

— « Vivat ! pour la maison de Savoie. Les descendants de Philibert-Emmanuel n'ont point dégénéré, et l'artichaut (2) de ce prince, pourrait bien avoir trouvé celui qui en mangera plusieurs feuilles à la fois.

Il est presque nuit, la victoire est encore incertaine sur le reste de la ligne; je retourne sur mes pas et j'arrive de nouveau près du roi. Je le vois de face ; il lit une lettre qu'un officier, chapeau bas, vient de lui remettre. Sa figure sévère s'éclaircit d'un rayon d'orgueil.

— « Messieurs, dit-il à haute voix, le duc de Gênes m'annonce la reddition de Peschiera. »

---

(1) Le duc de Savoie, en recevant cette balle à la cuisse, se retourna gaiement vers ses aides de camp et leur dit : « Le duc de Gênes serait bien content de recevoir la pareille. »

(2) Philibert-Emmanuel, duc de Savoie, disait que « l'Italie est un artichaut qu'il faut savoir manger feuille à feuille. »

Ces mots volent de rangs en rangs, les soldats font retentir les airs des cris de : *Vive le roi !* et s'élancent de toutes parts contre l'ennemi. Celui-ci alors se retire sur toute la ligne, et la cavalerie se jette à sa poursuite.

C'en est fait : la victoire a couronné l'aigle à la croix d'argent, et chacun des princes de la maison de Savoie a eu sa large part de gloire dans cette mémorable journée, où l'Italie semble plus que jamais toucher à son indépendance.

VALEGGIO.

CHAPITRE SIXIÈME.

VALEGGIO.

Quel beau sommeil que celui qui s'empare de l'homme le soir d'une victoire ! Quel bonheur inonde toute son âme quand il étend ses membres fatigués après de rudes travaux couronnés par de glorieux succès ! La terre sur laquelle le soldat vient de conquérir des lauriers lui paraît alors la couche la meilleure ; il ne sent plus la dureté du sol qui la veille encore eût endolori ses membres, et l'ivresse du triomphe le rend insensible aux intempéries de l'air. Tout son être repose à la fois ; de riantes images bercent son esprit, et son visage reflète toutes les émotions que son âme a ressenties pendant les événements de la journée dont il fut un des courageux acteurs.

Ces réflexions me passaient dans l'esprit à la vue des bivouacs dont les feux éclairaient à leur tour le silence de la plaine de Goito, après qu'eurent disparu les dernières lueurs du soleil, emportant avec elles les derniers échos de la lutte des aigles autrichiennes contre la croix de Savoie.

Moi-même, étranger sur cette terre arrosée de tant de sang, j'avais besoin de repos ; j'avais besoin de mettre de l'ordre dans mes idées, que les émotions du jour avaient troublées et charmées à la fois. Assis sur le bord de la route, je laissai reposer mon cheval, et je cherchai à me rendre compte de la bataille à laquelle je venais d'assister d'une manière si inopinée. J'éprouvais une sensation de bien-être inexprimable ; pour la première fois depuis mon entrée en Italie, je voyais se terminer une journée sans avoir à enregistrer de tristes réflexions. J'avais respiré l'air des combats, il m'avait enivré ; les peines, les soucis, les regrets s'étaient envolés comme par enchantement ; les émotions de la lutte les avaient comprimés et avaient allumé en moi une soif ardente de périls et de gloire, tandis que tout à ces pensées j'oubliais la fatigue et la faim, un soupir étrange poussé près de moi me fit tressaillir. Je tournai la tête et j'aperçus couché sur le revers du fossé le corps d'un soldat. Je m'élançai vers lui, son visage était tourné contre la terre, ses habits étaient couverts de sang ; je lui soulevai vivement la tête, et je restai pétrifié d'horreur à l'effroyable aspect de sa figure. Le nez et le menton avaient disparu, le reste de la face était noir de sang coagulé, les yeux ternes et immobiles semblaient fixés sur moi, sa bouche horriblement mutilée grimaçait un sourire hideux. Mon premier mouvement fut de laisser retomber cette tête affreuse, mais une pensée plus chrétienne me retint aussitôt. Je portai la main sur le cœur du soldat, il ne battait plus; le corps était roide, le froid éternel s'était déjà emparé de lui. Je plaçai alors son cadavre plus en vue du bord de la route, j'étendis mon mouchoir sur sa tête; puis, après une courte prière prononcée près de lui, je remontai à cheval et rejoignis Volta, ne songeant plus, hélas! à la gloire ni aux charmes de la guerre, mais tout entier aux graves méditations que faisait naître en moi l'écho de ce dernier soupir jeté au milieu de mes rêves. .

. . . .

La pluie n'avait pas cessé de tomber depuis la fin de la bataille, en arrivant à Volta, mes vêtements étaient traversés; mon cheval me conduisit droit à la porte de Don Luigi; je trouvai mon domestique profondément endormi, malgré l'inquiétude qui, me dit-il en se réveillant, l'avait dévoré. Les jours suivants, j'appris de nouveaux détails sur les mouvements de l'armée et sur ceux des Autrichiens. On serait porté à croire, d'après les mouvements du maréchal Radetzki, que, mal renseigné ce jour-là sur les opérations de l'armée piémontaise, il ne s'attendait à trouver à Goito que les débris du corps toscan, et qu'il voulait manœuvrer dans la plaine pour prendre à revers les positions de Volta, Mozembano et Valeggio, afin d'enfermer l'armée piémontaise dans le fameux quadrilatère des forteresses et délivrer Peschiera.

Néanmoins, l'avant-garde du corps d'armée qu'il commandait engageait le combat, sur les trois heures et demie, avec une telle vigueur, que bientôt l'affaire devint générale.

Malgré l'absence du corps du général d'Aspre, les Allemands ne se laissaient pas intimider: mais tous leurs efforts n'empêchèrent pas la victoire de leurs adversaires.

Le corps d'armée qui livra bataille était en nombre presque égal aux Piémontais (1). Si le corps du général d'Aspre eût pu arriver à temps, il est probable que l'armée piémontaise aurait été contrainte de céder la victoire, vu la grande supériorité numérique des ennemis contre lesquels elle aurait eu alors à lutter.

Pendant tout le cours de cette journée, le général Bava déploya un sang-froid imperturbable, et une présence d'esprit digne d'un chef expérimenté. Le talent dont il fit preuve lui acquit une juste réputation et la confiance du soldat.

Après la bataille, l'armée autrichienne se retira à plus de deux milles en arrière. Malheureusement, la pluie qui ne cessa de tomber avec violence pendant toute la nuit, et la nouvelle que l'on eut de l'arrivée du général d'Aspre, ac-

---

(1) Les narrations autrichiennes ne portent la force de ce corps d'armée combattant qu'à douze mille hommes; néanmoins je persiste à croire mes renseignements exacts sur ce point, et que sa force réelle était *au moins* de dix-huit mille hommes.

couru pour couvrir la retraite des Impériaux, empêchèrent de tirer de la victoire de Goito les fruits qu'on en aurait pu espérer. Deux jours après, l'armée autrichienne s'avança de nouveau sur le théâtre de sa récente défaite, soit pour mieux dissimuler ses plans ultérieurs, soit pour dissiper dans l'esprit des soldats le découragement qu'avait pu faire naître la bataille du 30 mai.

Le roi s'attendait à un nouvel effort des Impériaux, et Peschiera étant enfin tombée en son pouvoir, il avait dirigé de nouvelles troupes sur Goito. Le 2 juin, quarante mille hommes se trouvaient agglomérés sur ce point. La confiance des chefs et des soldats était telle que bien probablement l'armée autrichienne eût éprouvé un désastre complet si elle eût attendu l'attaque fixée pour le 4 au matin. Mais, tandis que tout se disposait du côté des Piémontais pour ce nouveau combat, le maréchal Radetzki se retirait silencieusement pendant la nuit du 3 au 4 mai, et disparaissait derrière Mantoue, se dirigeant rapidement du côté de Vérone.

Le quartier général du roi avait été établi à Valeggio, assez fort village pittoresquement bâti sur la rive gauche du Mincio qu'il domine.

La route de Volta à Valeggio est des plus agréables ; elle serpente au milieu de petites vallées délicieusement cultivées où se trouvaient disséminés les campements d'une partie de l'armée, puis, après s'être élevée au sommet d'une colline, elle descend rapidement vers le Mincio qu'elle côtoie en courant directement sur Borghetto.

Borghetto est un vieux bourg remarquable par une digue antique, très-élevée et garnie de forts bastions. Cette épaisse muraille opposant une barrière aux eaux du fleuve le force à se précipiter par une étroite ouverture pratiquée au centre de ce colossal ouvrage. Sur la droite est Valeggio, dont on aperçoit le vieux château en ruines, surmonté d'une tour carrée encore bien conservée. Cette tour, bâtie sur le sommet de la montagne, semble commander à tout le cours de l'impétueux Mincio.

Après avoir traversé le port de Borghetto, la route s'élève par une pente des plus rapides sur le flanc de la montagne jusqu'au sommet que couronne Valeggio.

Là, des chariots de toute espèce obstruent les rues; un mouvement continuel de troupes, d'aides de camp qui se croisent, cause un moment d'étourdissement.

On cherche un hôtel; mais il est rempli de telle manière qu'on ne peut pas même trouver un coin pour s'asseoir à une table; il faut ronger debout quelques os, misérables débris, qu'en toute autre circonstance on n'oserait presque pas donner aux chiens. La place publique est formée par deux rues se coupant à angle droit; une fontaine arrose le centre. Hommes, femmes, muletiers, soldats, chevaux se disputent l'espace autour de cette eau bienfaisante. Un des angles de la place est formé par l'auberge que rend impénétrable la foule qui s'y presse ; à l'angle qui fait face se trouve le café : là, plus de foule peut-être encore ; le malheureux limonadier ne peut suffire aux demandes de café, de chocolat, de glaces, qui lui sont faites de toutes parts. Pour rendre l'encombrement de la place plus grand encore, une musique de régiment exécute des valses et des marches militaires, qu'écoutent avec délices les jeunes filles groupées sur les portes; de nombreux officiers s'empressent autour d'elles, tandis qu'elles semblent toutes n'avoir de regards que pour le jeune héros de Goito, le duc Victor-Emmanuel de Savoie, dont le regard franc et hardi se fixe avec une certaine complaisance sur ces jolis visages campagnards.

De l'autre côté de la place habite la plus jolie fille du pays : est-il besoin de dire que la foule des épaulettes d'argent y est plus compacte encore que sur aucun autre point de la place ?

C'est la fille du bourrelier; aussi chacun prétend avoir besoin d'une sacoche ou d'un porte-manteau, qu'on paie sans demander le prix, les yeux tournés vers le joli visage qui ne cherche pas trop à se dissimuler derrière le comptoir.

Je commençais à désespérer de trouver à me loger lorsque, tournant les regards vers le dernier côté de la place, j'aperçus enfin plusieurs visages de connaissance. En effet, c'est là que se trouve la maison d'un riche particulier, M. Guerra, hôte hospitalier, dont la femme, pleine de grâce et de distinction, rivalisait avec lui d'attentions et de soins délicats pour tous ceux qu'un heureux hasard amenait à leur porte. Mais à la *Casa Guerra*, comme ailleurs, on ne peut pénétrer dans l'intérieur : chaque lit est partagé par trois personnes, chaque chambre par six; la cour renferme quarante chevaux et quinze voitures, le vestibule sert de dortoir à trente domestiques. Le piano est assiégé par dix rivaux de Thalberg; les vers à soie sont écrasés sans pitié par des hommes épuisés de chaleur et de fatigue; la cuisine est sens dessus dessous. Aussi madame Guerra passe-t-elle toute la journée sur sa porte, entourée de ses hôtes. Ce groupe est moins militaire, l'habit bourgeois y domine: c'est le quartier général de la diplomatie.

Là, vous voyez M. le commandeur Martini, ministre de Toscane, homme distingué par son esprit et son caractère; M. Leopardi, ministre de Naples, ancien réfugié politique à Paris, dont l'esprit philosophique et les sentiments d'extrême libéralisme font de la conversation une lutte continuelle et divertissante entre les instincts de sa nature, sa position officielle et les théories de son esprit aventureux. Deux autres Martini sont là aussi, causant avec animation: l'un est représentant du gouvernement provisoire de Milan près du roi, l'autre est capitaine agrégé à l'état-major. Esprit vif et délié, le représentant du gouvernement de Milan a su se bien placer dans l'esprit du roi; il comprend l'imprudence de ceux qu'ils représente et a l'esprit trop juste pour ne pas voir qu'ils peuvent, par leur passion pour le pouvoir et leur incapacité à le manier, faire surgir de graves embarras dans la cause italienne.

Autour de ces personnages se presse la foule des délégués que les villes de la Haute-Italie ont envoyés pour rendre hommage au roi de Sardaigne.

A les voir ainsi réunis au camp de ce prince, on croirait

à l'union d'idées, de sentiments, de besoins, de caractère de toutes les parties de l'Italie; et, pour un instant, on s'imagine voir l'âge d'or de ce malheureux pays.

La victoire de Goito, la prise de Peschiera ont ôté tout souci à ces hommes d'état: l'admiration a fait succéder l'empressement à l'indécision. Ils sont accourus de toutes parts mettre aux pieds du roi les clefs de leurs villes. Milan et Venise sont les seules qui n'aient pas encore complétement satisfait à cet acte de reconnaissance, devenu désormais une nécessité.

Au milieu de ce groupe on distinguait un jeune Hongrois, le baron Spleni, envoyé du fameux Kossuth, près du roi de Sardaigne. On ne semblait pas lui accorder une très-grande confiance, mais pourtant il était traité avec distinction. Un autre visage se faisait aussi remarquer par son type exceptionnel, malgré la cocarde italienne placée son chapeau, on reconnaissait facilement un Anglais.

Je sus bientôt qu'il était le correspondant, chargé par le journal le *Times* de suivre l'armée et de lui rendre un compte exact de toutes les opérations.

Le roi habitait une belle maison de campagne, située à l'extrémité nord-est du village. Ce prince a des habitudes d'une régularité extrême. Tous les matins, il se lève à cinq heures et entend aussitôt la messe, puis donne audience jusqu'à l'heure du déjeuner. Il réunit à sa table les officiers supérieurs de l'état-major général. Insensible au chaud comme au froid ou à la pluie, il fait, pendant la plus forte chaleur du jour, de longues excursions à cheval, pour visiter les positions des troupes ou les hôpitaux. Il est accompagné dans ses marches par son nombreux état-major et de plus escorté par trois escadrons de carabiniers.

Il appelle tour à tour auprès de lui ses aides de camp et les chefs des différens corps de l'armée, lorsqu'ils se trouvent dans le cortége. Parmi les personnages dont la suite se compose, nous devons d'abord citer le comte Salasco, chef d'état-major général. C'est un homme fort brave, grand travailleur, dont le langage est celui des circonstances actuelles, c'est-à-dire tout italien. Lorsqu'après la bataille de Goito, le roi annonça la reddition de Peschiera, tous ceux qui l'entouraient crièrent : Vive le Roi ! M. Salasco seul s'écria : Vive l'Italie ! Peut-être était-ce une flatterie ; en tous cas, elle était de bon aloi.

Il est affable dans ses rapports ; ses manières sont celles d'un homme de bonne compagnie ; mais on peut lui reprocher de vouloir trop faire par lui-même et de perdre ainsi un temps précieux.

On remarque encore dans le cortége royal le marquis de La Marmora, prince de Masserano, l'aîné de cette belle lignée de soldats dont s'honore l'armée piémontaise ; le général du génie Chiodo, homme d'un savoir éminent, aimé de tous ceux qui le connaissent, mais qui a le grand tort de monter un cheval sarde, l'effroi des cavaliers qui l'entourent, ce qui le force à marcher solitairement, toutes les fois que la route est assez large pour qu'il soit permis de s'éloigner de lui ; le général d'artillerie Rossi, officier très-distingué et d'une rare modestie ; les généraux Lazari, Scati,

Robellant, aides de camp du roi; enfin, le général de la cavalerie Olivieri. Le colonel Cossato, sous chef d'état-major, homme simple, modeste, travailleur infatigable, dont le caractère froid ne sert qu'à mieux faire ressortir les nobles qualités qui le font aimer et estimer de tous ceux qui sont à même de les pouvoir apprécier, et le colonel d'Augrogna, commandant en second l'artillerie, l'un des plus brillants officiers de l'armée, suivent ce groupe de généraux et précèdent une foule de jeunes officiers d'état-major, dont la plupart sont des volontaires, auxquels le roi a donné des grades honoraires, pour leur permettre de servir plus utilement la cause italienne.

Parmi ceux-ci, quelques-uns ont une certaine célébrité, comme M. Marco Minghetti, jeune Bolonais, ex-ministre de l'intérieur à Rome, et M. Achille Battaglia, récemment sorti des prisons autrichiennes, où l'avaient conduit ses sentiments patriotiques trop vivement exprimés.

L'énumération de ce cortége serait trop longue : je citerai seulement encore le marquis Cordon de Latour, fils du maréchal de Latour, gouverneur de Turin, dont le courage s'est déjà fait remarquer plusieurs fois (1).

---

(1) Deux jours après la bataille de Goito, j'eus l'honneur d'être présenté au Roi. Je remis à Sa Majesté une lettre du duc de Talleyrand, mon père, dans laquelle il demandait pour moi l'autorisation de suivre les opérations de l'armée.

Le Roi daigna me l'accorder et me parla de mon père avec une vive affection, se plaisant à me répéter à diverses reprises: « C'est lui qui

Tel est le gros du cortége de Charles-Albert. Au départ, tout est resplendissant, les chevaux sont fringants, soignés, coquets ; mais, au bout de quelques minutes, l'or, l'argent, la soie, le velours ont disparu sous l'épaisse couche de poussière que soulèvent les chevaux ; et, au retour des courses royales, on ne saurait plus distinguer les généraux des capitaines, la jeunesse de l'âge mûr : tous reviennent gris et poudreux, tous ruissellent de sueur, le roi seul paraît n'avoir point ressenti de lassitude. Je devais à la complaisance d'un de mes amis d'avoir vu défiler le cortége ; l'heure du dîner s'avançait, nous retournâmes à la Casa Guerra. On avait servi ; quinze ou seize personnes étaient pressées autour d'une table ronde, et préludaient au dîner par les propos les plus fous et les plus joyeux. Gardes nationaux accourus pour voir leurs amis, jeunes femmes venues pour saluer l'objet de leurs affections,

---

me fit entendre le canon pour la première fois et je serai charmé de vous avoir auprès de moi. »

A peine étais-je de retour à mon logement que je reçus une lettre timbrée de l'état-major général, contenant un brevet de lieutenant d'état-major. Je restai confondu, en voyant que Sa Majesté m'accordait une très-grande faveur, mais qu'elle s'était méprise sur mes véritables intentions. J'hésitai longtemps sur ce que je devais faire, et je pris conseil d'un de mes amis, M. le commandeur Martini, ministre de Toscane. Il me fit observer qu'un refus pourrait blesser le roi qui me donnait une preuve de bienveillance d'autant plus marquée qu'elle était plus inattendue. Cette seule raison l'emportant auprès de moi sur toute autre considération, je me décidai à accepter la position qui m'était offerte.

diplomates, militaires, entraient, mangeaient, sortaient, faisaient place à d'autres arrivants, donnaient une poignée de main amicale, un tendre baiser ; puis, à chaque instant, un vivat au roi, à l'Italie, à l'armée partait d'un commun accord au choc des verres. Il y avait là joie complète, abnégation entière de soi-même pour la cause commune, mais aussi confiance un peu trop orgueilleuse dans l'avenir. Le 30 mai portait ses fruits, et lorsque, étranger, j'osai dire que cette heure de triomphe était aussi celle d'assurer par une paix avantageuse l'indépendance de la Lombardie, des cris de colère, d'indignation étouffèrent ma voix. L'Italie, l'Italie toute entière devait être délivrée du contact des barbares! « Les Alpes et l'Isonzo ! » s'écriaient les plus sages. — « Trieste et l'Illyrie ! » s'écriaient les plus fougueux. Telle sétaient les seules limites possibles, les seules acceptables.

Puis, la conversation prit une autre direction. Alors l'unanimité se scinda d'une façon singulière : les uns regardaient déjà l'unité de l'Italie sous le sceptre de Charles-Albert comme un fait accompli ; d'autres réclamaient pour les droits de Pie IX, l'initiateur du mouvement italien, quelques-uns aussi pour ceux du grand-duc de Toscane, esprit généreux, cœur d'or, digne de tant de respects.

De ces contradictions en naquirent bientôt de nouvelles. La langue qu'on parlerait devint la source d'une discussion des plus vives. Tout le monde d'abord mit hors de cause le Toscan, puriste effronté, à la prononciation gutturale ; mais ce dialecte, écrasé d'abord sous le feu convergent de tous ces mépris, trouva bientôt des alliés contre le Bolonais. Le Milanais s'étant trop vanté rencontra dans le Vénitien un antagoniste redoutable. Le Napolitain, voyant fondre sur lui une tempête imminente, fit habilement remarquer que le Piémontais ne pouvait soutenir sa thèse autrement qu'en français. De là, une cacophonie épouvantable, qui, s'étendant des grands états italiens aux subdivisions de villes, amena une lutte passionnée entre les seize convives; heureusement le café, cette passion commune à tous les Italiens, fut le signal d'un rapprochement immédiat.

Chacun fit silence; et je pus remarquer que cette liqueur, si peu estimée de madame de Sévigné, pouvait être habilement employée, pour calmer les agitations parlementaires, le jour où toute la Péninsule voudra faire décréter l'unité de ses croyances, de ses besoins, de ses passions et de son langage.

GARDA.

CHAPITRE SEPTIÈME.

GARDA.

Le 8 du mois de juin, je me rendis à Peschiera.

Une expédition, destinée à débusquer un corps de cinq mille Autrichiens, campés à Rivoli, devait avoir lieu ; je me réjouissais par avance de voir ce champ de bataille, si fameux dans nos fastes militaires, animé par de nouveaux combats.

Située à l'extrémité sud du lac de Garda, la forteresse de Peschiera laisse échapper, entre deux de ses bastions, les eaux claires et transparentes de ce magnifique bassin, alimenté par les torrents descendant du Tyrol. A peine les eaux s'engouffrent-elles dans cet étroit canal, qu'elles reçoivent le nom de Mincio. La ville se trouve donc partagée en deux parties presque égales par cette rivière impétueuse. Les eaux du lac servent en outre à inonder les fossés de la place et, par leurs infiltrations dans les terres avoisinantes, elles offrent de graves obstacles aux travaux de sape et de tranchée.

En outre des fortifications du corps de la place, deux ouvrages extérieurs ajoutent encore à son importance. L'un, sur la rive gauche du Mincio, s'appelle le fort Mandella; l'autre, sur la rive droite, porte le nom de fort Faviati.

Peschiera, autrefois ville frontière des états vénitiens, fut fortifiée par les généraux de la république de Venise, et, l'on aperçoit encore sur ses portes le lion de Saint-Marc, emblème glorieux de la reine de l'Adriatique.

Sa situation importante au pied du Tyrol et à l'extrémité du lac de Garda, situation qui semble en faire à la fois la serrure de ce lac et l'une des clefs de l'Italie, attira fréquemment sur elle les orages de la guerre. Depuis le commencement du siècle actuel, elle fut prise et reprise deux fois par les Français et par les Autrichiens, reçut chaque fois d'importantes améliorations dans le système de ses fortifications, et elle vient enfin de succomber sous les efforts des Piémontais.

Bien qu'on travaillât avec activité depuis plusieurs jours à réparer les dégâts causés par le dernier siége, et à mettre la place en état d'en soutenir un nouveau, l'aspect de la ville n'en était pas moins des plus misérables. Presque tous les toits étaient détruits, les murs des maisons étaient percés à jour, et, dans quelques endroits, les traces des incendies augmentaient la pitié qu'inspirait la vue d'un si triste spectacle.

Le roi a fait distribuer des secours aux habitants, qui, néanmoins, ne paraissent pas voir de très-bon œil leurs libérateurs.

Singulière condition que celle des Piémontais! Partout on les appelle en frères et on les reçoit comme des hôtes incommodes ! S'ils se présentaient en conquérants, les populations leur sauraient gré de leur humanité, de leur désintéressement et du respect gardé par les soldats aussi bien que par les officiers pour les propriétés! Ils arrivent en libérateurs, et on a l'air de ne calculer les désastres déjà produits par la guerre que pour les leur imputer !

Le prise de Peschiera a été le plus beau fruit des différents combats livrés jusqu'à ce jour. Le siége en a été conduit avec habileté et intrépidité par monseigneur le duc de Gênes, second fils du roi.

Ce jeune prince est né le 15 novembre 1822. La nature l'a doué de l'extérieur le plus avantageux. Il est grand, bien fait, élancé ; ses cheveux châtains, ses yeux bleus et intelligents, sa moustache longue et soyeuse donnent à ses traits réguliers un aspect de douceur et de gravité plein de séduction et de noblesse. En le voyant, je me rappelais involontairement monseigneur le duc d'Aumale, qui, lui aussi, sut conquérir, sur les champs de bataille de l'Algérie, l'amour du soldat et le respect de tous. La ressemblance entre ces deux jeunes princes n'existe pas seulement au physique : on la retrouve encore dans plusieurs dispositions de leurs esprits. Le duc de Gênes, en effet, est d'un courage calme, réfléchi, mais plein d'entraînement, quand l'occasion le demande. Il aime l'étude de la guerre, et ses premiers pas, dans la carrière des armes, semblent lui devoir assigner une place distinguée parmi les guerriers modernes pour peu que ses talents trouvent de nouvelles occasions de se manifester. Son amour filial est un autre point d'analogie entre lui et le jeune prince, dont la France déplore aujourd'hui l'exil.

Les corps du génie et de l'artillerie, placés sous la direction du duc de Gênes, ont donné, pendant ce siége, des preuves de leur savoir-faire. Aussi, les soldats se promènent avec fierté sur ces murs d'origine vénitienne et retrouvent, avec une surprise mêlée d'orgueil, la croix de Savoie gravée sur plusieurs des canons de la place. On les voit groupés autour de ces pièces, écoutant avec curiosité les vieilles moustaches, qui leur en racontent l'histoire. Ce fut, à ce que disent ces vétérans, l'empereur Napoléon qui les y fit placer lors de ses immortelles campagnes.

Le 11 juin, la troisième division, forte de douze mille hommes, commandée par le général comte Broglio de Casalborgone, s'avança vers Rivoli, par les routes de Garda et de Cavallone. Contre toute attente, les Autrichiens se retirèrent presque sans résistance vers le Tyrol, laissant ainsi au pouvoir des Piémontais ces positions importantes au moment même où l'empereur d'Autriche, fuyant sa capitale insurgée, venait chercher un asile à Inspruck.

Ce nouveau succès fut un heureux prélude à la cérémonie qui devait marquer le soir de cette journée. Le roi, en revenant de Rivoli, s'arrêta à Garda, joli village, bâti sur les bords du lac dont il porte le nom. La magnifique villa du comte Alberti avait été choisie pour sa demeure, et à peine était-il descendu de cheval, que MM. Casati, Berretta et Greppi, le premier, président, les deux autres, membres du Gouvernement provisoire de Milan, vinrent lui offrir l'acte de fusion de la Lombardie avec le Piémont; acte voté par les populations lombardes à la presque unanimité.

Cet acte était bien tardif, et encore était-il accompagné de la condition qu'une assemblée constituante serait convoquée aussitôt après la fin de la guerre, afin de discuter et de rédiger la constitution future du royaume de la haute Italie. Mais enfin, les victoires du roi Charles-Albert paraissaient avoir réduit au silence les esprits inquiets qui ne voyaient de salut que dans la forme républicaine ; et l'annexion de la Lombardie au royaume de Sardaigne semblait donner raison à la politique expectante qu'il avait suivie jusqu'à ce jour, vis-à-vis des Lombards dans toutes les questions intérieures.

Les forces du Piémont allaient se trouver doublées, si les événements permettaient de tirer parti de cette adjonction considérable d'hommes, de territoire et d'argent.

La conquête morale et matérielle de la Lombardie justifiait en quelque sorte la devise italienne : *Italia farà da se*. Ce fut donc un moment solennel pour le cœur de Charles-Albert que celui où le président du Gouvernement provisoire milanais lui remit les rênes du nouvel état. Il put alors retourner sa pensée avec confiance vers son illustre lignée, et se dire qu'il avait agrandi, plus qu'aucun autre de ses aïeux, l'héritage de la maison de Savoie.

Mais la fortune, qui jusqu'alors avait souri si complaisamment à ses travaux, devait-elle lui rester constante?

Il venait de saisir une belle couronne, et pouvait dès ce jour aller la poser sur sa tête dans la cathédrale de Monga. Continuer la lutte, ne pas s'arrêter dans ses triomphes, n'était-ce pas courir vers un danger imminent?

L'état de l'Europe ne devait-il pas inspirer des défiances telles, que l'on dût être jaloux de relever au plus tôt l'éclat du principe monarchique aux yeux des nations, en signant sur des lauriers une paix avantageuse?

Où se trouvait alors l'allié vigoureux sur lequel pouvait compter le Piémont en cas de revers? Était-ce la France? malheureux pays dont l'orgueil, brisé par la honteuse révolution de Février, restait insensible, pour la première fois peut-être dans sa longue histoire, à tout désir de conquête, dont les citoyens, atterrés de se voir ravalés au rang de Romains du Bas-Empire, songeaient uniquement à prévenir les conséquences fatales du triomphe momentané des Catilina modernes.

Était-ce l'Angleterre? mais sa prospérité repose toute

entière sur son crédit. Toute expédition militaire, à raison même de sa situation maritime, lui coûterait d'immenses trésors. Elle serait incapable de soutenir la lutte qui s'engagerait entre elle et la majeure partie du continent le jour où, jetant le masque d'une philanthropie intéressée, elle prendrait une part ouverte aux querelles de l'Europe continentale : car alors, le retrait des capitaux fuyant vers l'Amérique, son commerce maritime dévasté par des nuées de corsaires, tant de vastes débouchés fermés à ses produits, l'élévation des impôts territoriaux consommant la ruine déjà si avancée de son aristocratie; car alors, dis-je, toutes ces causes amèneraient une suspension rapide de sa vie industrielle, ses classes ouvrières entreraient dans la fermentation terrible qu'engendre la faim, et tout son édifice social serait ébranlé jusque dans ses fondements. La guerre ferait sur elle l'effet d'une apoplexie foudroyante. Il lui faut, pour subsister, d'une part, les agitations intestines des peuples, rendant impossible tout développement de leurs industries et de leurs richesses nationales; d'autre part, la paix européenne qui assure d'immenses débouchés à son commerce. Aussi la voit-on attiser partout le feu des révoltes et chercher, par ses efforts, à prévenir le choc des grands corps européens, choc qui l'entraînerait forcément dans la lutte.

Était-ce la Prusse? puissance ambitieuse, il est vrai, mais livrée aux utopies révolutionnaires et cherchant sa force dans le protectorat des intérêts germaniques, gravement compromis par les succès de Charles-Albert.

Était-ce la Russie? colosse immense, arrière-garde des populations slaves, et qui doit s'opposer à la dilatation des races latines et germaines, sous peine de se voir refoulé vers l'Orient, contrairement à toutes les lois de gravitation qui semblent avoir régi les migrations humaines depuis l'affaissement du colosse romain.

Était-ce enfin l'Italie, prise dans son ensemble, qui pouvait offrir, même après la prise de Peschiera, même après la fusion de la Lombardie et du Piémont, des matériaux assez consistants, assez homogènes pour assurer le triomphe ou réparer les défaites? Non ; encore ici, la situation réelle faisait de la paix une nécessité absolue. L'Italie dévorait, par ses passions révolutionnaires, les forces qu'elle eût pu grouper contre l'étranger.—La Sicile révoltée, Naples et les Calabres agitées par les factions, paralysaient les forces d'une population de sept millions d'habitants. — A Rome, la révolution démasquait, par ses exigences sans cesse renaissantes, le but des perfides applaudissements à l'aide desquels elle cherchait à entraîner le pape dans des voies inconnues, et le Saint-Père, ouvrant les yeux, voyait que, si une affection réelle pour sa personne retenait encore certains personnages, la haine de son pouvoir temporel couvait plus ardente que jamais dans leurs cœurs. De là son refus de déclarer la guerre à l'Autriche, formulé dans l'encyclique du mois d'avril 1848. — En Toscane, la révolution s'agitait ouvertement sans que l'autorité pût l'empêcher.—En Piémont comme en Lombardie, on pouvait apercevoir les sourdes menées de ses agents, bien qu'ils fussent comprimés par le poids des victoires piémontaises.

Si, maintenant, nous examinons quelle était la situation de l'Autriche, nous voyons un géant en proie à une crise intérieure des plus épouvantables, mais dont les convulsions néphrétiques rendaient plus terribles encore les atteintes de ses serres d'acier ;—une vaste monarchie dont le contre-poids indispensable à l'équilibre européen intéressait de cette sorte à son salut jusqu'à ses antagonistes séculaires ;—un pays où se débattaient des questions analogues à celles qui ensanglantaient Paris et Berlin, et auquel ce surcroît même de difficultés attirait de nouvelles sympathies ;—une puissance qui trouvait pour allié fidèle le seul pays européen où l'autorité fût restée respectée, obéie, aimée et forte : la Russie. Enfin, nous la voyons recélant dans ses vastes flancs les éléments d'excellentes armées, d'immenses ressources matérielles, et nous trouvons toutes les régions du corps social animées d'un mâle courage, aussi bien que d'une inaltérable ténacité.

Ceux qui voulaient la guerre pouvaient donc être certains que la guerre ne leur manquerait pas. L'Autriche pouvait abandonner momentanément une partie, voire même une partie considérable de ses possessions lointaines, afin d'appliquer toutes ses ressources à la cautérisation de ses plaies internes, mais il était évident que la guérison accomplie, elle ferait de nouveau tendre tous ses efforts à ressaisir une si riche province, le plus beau joyau de la couronne impériale.

Ce qu'il importait donc alors au Piémont, c'était la paix ; la paix qui lui eût permis d'organiser et de s'assimiler, à l'aide d'une administration vigoureuse, les nouveaux éléments de force qu'elle lui eût assurés ;—la paix étrangère qui eût permis au roi de rétablir sur des bases solides, par l'action d'une politique énergique dans ses états, le principe d'autorité ébranlé par les impatiences libérales, et sapé par les mines révolutionnaires.

Alors la cause italienne, séparée entièrement de tout élément démagogique, eût trouvé d'énergiques sympathies en Europe, le jour où l'Autriche aurait voulu venger ses défaites et rentrer en Lombardie. Le Piémont, appuyé sur son bon droit, soutenu par de puissants alliés, et secondé par les sentiments d'indépendance des populations vénitiennes, serait peut-être parvenu à porter victorieusement ses armes jusque sur les bords de l'Isonzo. Et si, dans cette nouvelle lutte, il devait perdre ses récentes conquêtes, ce n'eût jamais été qu'à la suite d'un embrasement général de l'Europe, dont les conséquences échappent à l'appréciation des hommes, puisqu'elles dépendent uniquement du sort des combats.

Les rois comme les peuples jugeaient les événements à un point de vue rétrospectif. Ils voyaient dans la révolution de Février l'explosion préliminaire d'une éruption volcanique semblable en tout à celle de 1793 : au lieu d'y lire la vérité,—l'affaissement du cratère révolutionnaire dans les vides profonds que la hauteur de son cône brûlant avait dissimulés jusqu'alors ;—et frappés d'aveuglement, ils avaient eu besoin, pour se remettre de leur effroi, de l'avortement des chartistes à Londres, de la victoire du 15 mai à Naples, et du sanglant triomphe de l'ordre à Paris, le 24 juin 1848.

Le roi Charles-Albert avait donné une armée et un chef à la partie noble du mouvement italien. En lui donnant pour guide sa royale bannière, il l'avait empêché de dégénérer en une révolution démagogique impuissante pour le bien comme pour la victoire.

Il s'était évité par cette résolution l'alternative cruelle de réprimer, par une impitoyable sévérité, les folies révolutionnaires qui, sans cela, eussent été, en Piémont, les échos de la révolution de Paris, ou d'abandonner honteusement le trône de ses ancêtres.

Les Italiens qui méconnaîtraient le service rendu alors par ce prince à la cause de l'indépendance seraient ou singulièrement aveuglés ou d'une insigne mauvaise foi. Admettons, en effet, par la pensée, une résistance victorieuse aux idées libérales de la part du roi de Sardaigne, ou le renversement de la puissance royale, en Piémont, sous la pression d'événements révolutionnaires, il ne restera plus d'éléments de lutte contre l'Autriche. Car, dans les deux cas, la loyale fidélité des troupes piémontaises pour leur souverain les rendait spectatrices impassibles des convulsions de la Lombardie, ou bien entraînait l'immédiate dissolution de l'armée sarde. Je demande alors à tous les hommes de bonne foi où, comment et avec quoi l'on aurait combattu une armée de soixante mille impériaux aguerris, disciplinés, agissant par grandes masses et sous une direction unique.

Mais, pour s'emparer de ce rôle aventureux et difficile, il eût été nécessaire que le roi possédât deux éléments indispensables au succès d'une telle entreprise : un pouvoir dictatorial et une inébranlable énergie de caractère. Ce pouvoir, le roi l'avait brisé lui-même entre ses mains en octroyant une constitution à ses peuples peu de mois auparavant; cette énergie, Charles-Albert ne la possédait que sur le champ de bataille où elle s'appelle *valeur*, et non dans le cabinet, où souvent elle peut être taxée d'*inflexibilité*.

Depuis le jour où ce prince avait tiré l'épée, que de changements accomplis dans les idées en Europe!

L'avortement misérable du complot chartiste à Londres avait fait rougir les classes éclairées du continent. La victoire remportée par le roi de Naples dans sa capitale avait relevé le courage des souverains, et l'éclatant suicide auquel avaient été contraints, le 24 juin à Paris, les républicains de la veille, avait inauguré en Europe la réaction des idées d'ordre, de légalité et de respect du pouvoir contre tous les sophismes dont s'était si longtemps enivrée la civilisation moderne.

La position personnelle du roi de Sardaigne en était ellemême singulièrement modifiée, et sa brillante situation militaire lui permettait de prendre sans périls la nouvelle attitude que de tels événements semblaient lui commander.

La paix pouvait alors lui donner Parme, Plaisance et la

Lombardie, la gloire et son prestige ; c'était une ample moisson bien faite pour satisfaire à la fois son ambition, son peuple et son armée. Tranquille désormais sur les intentions du peuple français, il n'aurait eu qu'à suivre l'exemple donné par les républicains de France, pour forcer au respect de son trône et de son autorité les factieux fanatiques enfantés par les loges de la Jeune-Italie.

Il est difficile de se rendre compte des causes qui empêchèrent le roi Charles-Albert d'adopter une pareille marche. Cependant quelques remarques sur le caractère de ce prince, sur diverses circonstances du début de la guerre et sur les difficultés dont était hérissée sa route, aideront peut-être à comprendre comment il ne crut pas devoir profiter des ouvertures sérieuses qui lui furent faites à Londres par le cabinet autrichien.

Charles-Albert de Savoie-Carignan est né le 2 octobre 1798, et est monté sur le trône le 27 avril 1831. Son aspect a quelque chose de frappant : son visage est long et pâle, ses yeux sont gris clairs et limpides ; un front haut, des cheveux coupés ras, la bouche recouverte par une moustache épaisse, lui donnent un air martial ; sa taille très-haute fait remarquer plus encore son excessive maigreur.

Toujours revêtu de l'uniforme, on voit que le roi de Piémont tient à conserver les habitudes militaires, propres à tous les princes destinés à se maintenir par l'épée ou à fonder par elle. Son regard rêveur laisse deviner les vagues pensées d'ambition qui l'ont toujours préoccupé.

L'habitude de la représentation royale a imprimé à son

sourire quelque chose de nerveux pénible à voir, car alors ce visage impassible se contracte comme sous la pression d'un ressort d'acier; sa voix est douce, affectueuse; son caractère aussi difficile à connaître que sa pensée à pénétrer.

Brave jusqu'à la témérité, il aime tout ce qui est militaire, et s'occupe de la façon la plus paternelle du sort de ses soldats. Bon, généreux, on l'a vu pourtant abandonner ses amis avec facilité lors de la révolution de 1821, puis les rappeler près de lui en 1848, et s'en entourer sans défiance apparente.

Laborieux, économe, instruit, charitable, il aime à entrer dans les plus petits détails du gouvernement, à assurer la prospérité du royaume par une sévère administration des finances de l'Etat; on lui doit la création de nombreux établissements de charité ou d'utilité publique. Sa dévotion est un singulier mélange de sincère piété, de fatalisme et de superstition.

Il s'est fait le champion déclaré des idées libérales et d'indépendance. Sa conversation comme ses goûts portent l'empreinte des sentiments les plus chevaleresques, et pourtant on l'a vu ne reculer devant aucune dissimulation pour parvenir à ses fins. Il a toutes les vertus comme tous les défauts d'un chevalier couronné du quatorzième siècle.

Ambitieux, par-dessus tout, de fonder en Italie une puissance forte et indépendante, libre de toute appréhension du côté du Tyrol aussi bien que du côté des Alpes, on le vit, en 1821, donner l'appui de son nom aux libéraux. Reconnaissant bientôt combien la lutte est inopportune, il les abandonne brusquement, se rend au camp des Autrichiens accourus au secours de son oncle le roi Charles-Félix, et amasse dans son cœur une haine profonde contre l'Autriche, le jour où le général de Bubna, faisant ouvrir les rangs à ses soldats, s'écrie en leur montrant le prince de Carignan :

« Laissez passer le roi d'Italie ! »

Les accusations de trahison et de lâcheté dirigées contre lui et colportées dans toute l'Europe par ceux dont il s'était séparé firent une douloureuse et profonde impression sur son âme; peut-être le souvenir de cette époque fut-il le mobile réel de toute sa conduite pendant les derniers événements d'Italie.

La campagne d'Espagne, faite, en 1823, par l'armée française, vint bientôt lui offrir l'occasion de démentir les accusations de lâcheté dirigées contre lui. Il la saisit avec ardeur et frappa tellement d'admiration l'armée française par sa brillante valeur à l'assaut de Trocadero, que les soldats lui décernèrent des épaulettes de grenadier ainsi que le titre de premier grenadier de France ; ces épaulettes sont conservées comme un glorieux souvenir dans son cabinet particulier à Turin, et il aime à les montrer à ceux qui l'approchent.

La mort du roi Charles-Félix l'appelle enfin sur le trône; mais l'Autriche est toute-puissante dans ses propres États. Il patiente, dissimule, feint une entière déférence pour les volontés de Vienne. Il exile sans pitié tous les fauteurs de troubles, mais, inébranlable dans ses secrets désirs, il voit dans la couronne de fer déposée à Monza le but à atteindre pour délivrer les rois de Sardaigne de cette perpétuelle obligation de louvoyer entre deux influences rivales.

Jaloux de son pouvoir, il le sacrifie volontiers à son ambition, à sa haine, en donnant une constitution à ses peuples, le jour où il croit par là favoriser le développement de ses projets, mais aussitôt que l'instant lui paraît arrivé, il jette le masque et s'élance sur la Lombardie.

La politique autrichienne en Italie avait été singulière d'imprudence; elle semblait prendre à tâche de pousser à la révolte des peuples qui n'y étaient déjà que trop enclins, et de leur préparer un soutien dans le roi de Sardaigne (1).

Plus les réformes accomplies dans diverses parties de l'Italie excitaient d'impatients désirs chez les Lombards, plus le gouvernement autrichien redoublait de rigueurs et de dédains vis-à-vis d'eux. Le danger était pourtant réel, et le plus vaste des complots, depuis celui de Jean de Procida, couvait dans les cœurs. Ici seulement il n'y avait

(1) Le prince Félix de Schwartzenberg, ambassadeur d'Autriche à Turin, en 1845, joignait à un esprit ferme et distingué une hauteur dans les manières et un dédain dans son langage qui ne blessait que trop l'amour-propre des Piémontais et de leur roi. Celui-ci n'ignorait pas les propos de l'ambassadeur autrichien. Un jour entre autres, qu'il se rendait en voiture à la chasse, il raconta lui-même au comte de R***, son aide de camp, que la veille le prince de Schwartzenberg avait dit, au retour d'une petite guerre à laquelle le roi l'avait invité :

« Oui, les soldats piémontais manœuvrent assez bien pour des pères « nourriciers. »

Après quelques minutes d'une profonde rêverie, Charles-Albert saisit le bras de son aide de camp, et l'étreignant avec force :

« Qu'il attende, dit-il, et il apprendra ! »

point de chef ; le sentiment patriotique suffisait à coordonner les actes de tout un peuple, malgré l'active surveillance d'une nombreuse police. La conspiration se faisait au grand jour, elle avait pour conjurés les populations de presque toutes les villes du royaume lombard-vénitien, et pour complices tous les libéraux du reste de l'Italie. Le manque d'un chef expliquait seul le retard d'une explosion facile à prévoir, et l'on s'explique avec peine comment le cabinet de Vienne ne prévit pas que ce chef serait le roi de Sardaigne.

L'aristocratie milanaise, surtout, se faisait remarquer par son antipathie pour l'Autriche ; elle donnait l'impulsion partout et à propos de tout, commandait les manifestations par toute la Lombardie, et disciplinait en quelque sorte l'insurrection par avance, à l'aide d'épreuves toujours favorablement acceptées par les populations. C'est ainsi que l'on vit toute une province renoncer à l'usage de fumer, du jour qu'un jeune homme jeta son cigare en disant : « Je ne fumerai plus, puisque ce plaisir est une source de richesses pour l'Autriche. »

De pareilles symptômes eussent dû éclairer cette puissance ; mais, au lieu d'adopter une politique ferme, sinon initiatrice, elle cherchait à gagner du temps par des promesses et des menaces. Nul n'ajoutait foi aux promesses, et les menaces faisaient reporter toutes les espérances vers le roi de Sardaigne et son armée.

D'ailleurs les Lombards ne voulaient pas de réformes libérales émanées de l'Autriche ; ils poursuivaient leur indépendance, et dans la fougue de leur passion, ils rejetaient dédaigneusement des promesses tardives arrachées à la peur. On ne sait véritablement ce qui doit le plus étonner de l'accord d'une conspiration publique dont tous avaient le mot, ou de l'insouciance des dominateurs. Mais enfin une confiance si imprudente devait porter ses fruits, et aussitôt que le manifeste insensé de M. de Lamartine eut fait éclater les mines cachées sous les trônes de l'Europe, la révolution de Vienne devint le signal longtemps attendu par les Lombards. Leur vengeance fut un éclatant triomphe, et après cinq journées de courageux efforts, les Milanais virent s'éloigner de leurs murs les seize mille hommes à l'aide desquels on les défiait de bouger.

A l'appel de Milan, le roi de Sardaigne, surpris par la marche rapide des événements, lança ses régiments les uns après les autres au delà du Tessin.

Son armée était loin d'être préparée à une guerre aussi instantanée, néanmoins elle répondit dignement à l'appel de son roi. La nouvelle de son entrée en Lombardie eut pour premier effet de décider le maréchal Radetzki à cesser le bombardement et à se retirer à marches forcées vers le Mincio.

Mais cette retraite précipitée était-elle une fuite réelle ou le résultat d'un calcul ?

Pouvait-on s'écrier, comme le firent, dès le premier jour, les républicains milanais : « La lutte est finie, la poursuite commence ? »

Les Milanais ne commirent-ils pas une faute des plus

graves, en ne se jetant pas dès l'abord, et sans conditions, dans les bras de la puissance qui venait les secourir?

En observant les opérations du maréchal Radetzki, on doit reconnaître qu'il s'est montré, pendant tout le cours de cette guerre, aussi habile politique que grand général. C'était gagner plus qu'une victoire, que d'arriver aux forteresses avant que leurs faibles garnisons n'en fussent chassées par les populations révoltées. Du moment que son armée, éparpillée jusqu'à ce jour sur tous les points du territoire lombard-vénitien, se trouvait concentrée dans le quadrilatère formé par Vérone, Legnano, Mantoue et Peschiera, il était en mesure d'opposer une énergique résistance et pouvait dire avec vérité que l'Autriche n'avait rien perdu de sa puissance, aussi longtemps que les quatre forteresses resteraient en son pouvoir. La prise de Peschiera, la bataille de Goito, avaient porté une atteinte sérieuse à cette puissance, mais l'ébranlement n'était pas tel qu'on pût espérer de la renverser facilement.

En passant le Tessin, l'armée piémontaise comptait à peine trente-cinq mille hommes peu ou point préparés à la guerre, qu'elle saluait comme une armée salue toujours l'occasion de se distinguer, mais elle était étonnée de son rôle et s'expliquait difficilement cette irruption soudaine.

Aussi beaucoup d'officiers restèrent dans les rangs uniquement par point d'honneur et par dévouement au roi. Ces officiers, néanmoins, prouvèrent, par leur zèle et leur bravoure, que les opinions ne sauraient prévaloir sur le sentiment du devoir, chez des hommes d'honneur.

Peu à peu les rangs de l'armée se grossirent de nouveaux bataillons, et vers le 15 juin elle pouvait compter soixante-cinq mille combattants effectifs.

Dès le début de la campagne, plusieurs circonstances produisirent un effet fâcheux sur l'armée ; entre autres, la substitution de drapeaux verts, blancs et rouges aux anciens étendards piémontais. Cela devait être, car la troupe attache une grande importance à son drapeau ; de religieux souvenirs rallient la famille du régiment autour de ce vieux témoin des gloires antérieures. Reléguer les anciennes bannières dans des fourgons pour les remplacer par ces couleurs inconnues de l'armée, c'était blesser profondément beaucoup d'officiers, et ne satisfaire personne.

L'adoption du drapeau italien pouvait être considérée aussi comme un engagement tacite de libérer l'Italie tout entière, et il est toujours bien imprudent de se lier par de tels engagements au début d'une entreprise. Il eût mieux valu orner les anciens étendards d'une cravate verte, blanche et rouge ; cela eût suffisamment indiqué l'esprit d'union qui devait lier désormais entre eux les peuples du nord de l'Italie, et on eût ainsi évité un froissement regrettable.

Ceux à qui s'adressaient de telles concessions n'y répondaient pas avec une égale bienveillance. La presse piémontaise, dans son inexpérience, profitait de ses premières heures de liberté d'une manière désastreuse, en se faisant l'écho des plus indignes passions.

A Milan, on colportait des propos insultants dans le genre de celui-ci :

« Nous avons chassé des barbares, et on nous en amène d'autres. »

Ces étincelles haineuses et démagogiques éveillaient dans l'armée sarde, dont les officiers appartenaient pour la plupart à l'aristocratie, de vives inquiétudes sur le repos intérieur de leur patrie, et étaient peu propres à éveiller leurs sympathies pour les Lombards.

L'accueil joyeux des populations de la Lombardie, l'ivresse témoignée par les villes de Cremone et de Brescia, contrebalancèrent ces fautes regrettables dans les premiers temps ; mais le souvenir s'en réveilla vivement, après la fusion des deux pays déclarée, par suite des prétentions intempestives soulevées au sujet du choix de la future capitale. Les querelles municipales de Turin et de Milan trouvaient dans le camp des échos passionnés.

L'acte de fusion était l'expression des sentiments de la majeure partie des populations lombardes comme de celles du Parmésan et du Modénais, mais le roi ne se dissimulait pas que l'appel fait à toute l'Italie par les Vénitiens étant basé sur les mêmes principes que celui des Lombards, sa position se trouvait la même vis-à-vis d'eux au point de vue moral, sinon au point de vue matériel. La passion du moment en Italie était l'unité et non le fédéralisme ; il s'en était fait le champion et pouvait craindre de voir retourner contre lui-même les armes dont il s'était servi, si une république puissante s'établissait dans la Vénétie : car, englobé alors à l'ouest, par la république française, au nord-ouest, par la république helvétique, et à l'est, par la république vénitienne, il y aurait eu sur ses Etats un rayonnement convergent de *démocratisme* dirigé contre ses Etats, d'autant plus dangereux qu'il aurait semblé abandonner la cause italienne.

Il savait qu'il existait un parti hostile à son autorité par instinct, par rancune et par système, parti menaçant, jaloux, soupçonneux, dont les folles illusions, sur la délivrance entière de l'Italie, séduisaient même un grand nombre de ses partisans les plus dévoués. Ne pas secourir immédiatement la Vénétie était, au dire de ce parti, préférer honteusement « une guerre de conquête à la guerre de l'idée, » suivant la ridicule expression de sa métaphysique révolutionnaire.

Les hommes qui tenaient ce langage jouissaient d'une grande influence dans toute l'Italie, et pouvaient, par cette influence, changer en haine et en outrages les sympathies d'un peuple pour lequel il s'était exposé à de si grands périls.

Ses ennemis dissimulaient, il est vrai, leur haine, mais ils la conservaient tout entière, tandis que ses amis étaient encore chancelants et timorés.

La confiance inspirée par la politique anglaise n'avait pas peu contribué à la subite irruption de Charles-Albert en Lombardie, et rendait les masses plus exigeantes envers lui.

A la suite des affaires du Sonderbund, le cabinet anglais,

ou plutôt lord Palmerston, démasqué aux yeux de l'Europe par sa conduite sans loyauté vis-à-vis des cabinets du continent, voulut obtenir de l'Autriche par la crainte ce qu'il sentait ne pouvoir plus obtenir par la confiance. Il envoya en Italie lord Minto, chargé de se promener de capitale en capitale, de semer des espérances sur sa route, sans jamais s'engager dans rien de positif: car au fond de sa pensée, le cabinet anglais ne voulait qu'inquiéter l'Autriche, et, à 'aide d'appréhensions politiques, obtenir d'elle une adhésion complète aux nouveaux principes économiques de la Grande-Bretagne. La même tactique qui favorisait les passions anarchiques en France et en Espagne lui faisait caresser les idées d'indépendance dans la péninsule italienne.

Lord Minto avait trouvé dans le roi de Sardaigne des dispositions trop favorables à ses vues pour ne pas les avoir developpées avec soin, et les peuples moins éclairés avaient accueilli avec plus de confiance encore les flatteries britanniques. Les intrigues anglaises qui excitaient le feu de la rébellion en Sicile entretenaient dans l'esprit des Italiens la persuasion que le gouvernement anglais continuait à favoriser la cause italienne.

L'état politique de la France, loin d'inspirer de la défiance, faisait supposer qu'elle n'attendait qu'un prétexte pour s'élancer dans les hasards de la guerre. La formation d'une armée sur les Alpes, les imprudentes paroles de M. Bastide à la tribune de la Constituante, même après le fameux mot « *l'Italia farà da se* », donnaient plus de force encore au parti des idéologues italiens, qui ne consentaient à l'agrandissement du Piémont qu'à la condition qu'il viendrait se confondre dans la grande nationalité italienne.

Ils répondaient aux objections tirées des dangers de la lutte et de l'épuisement du royaume de Sardaigne après de si grands efforts : « Qu'importe ! si l'armée piémontaise est vaincue, l'armée française franchira les Alpes, et l'Italie entière sera libre ! »

On doit mentionner aussi l'influence faible encore, mais néanmoins réelle, qu'exerceraient les promesses de puissante diversion, apportées au roi par M. le baron Spleni, au nom du chef de l'insurrection hongroise, M. Kossuth, et les intrigues du parti polonais, qui, par ses nombreux agents, l'entretenait dans l'illusion d'une insurrection prochaine de toute la Pologne devant paralyser les forces de la Russie.

Ainsi donc, la confiance dans l'épuisement de l'Autriche, dans les sympathies de l'Angleterre, dans les secours de la France, dans les révolutions de l'Allemagne, dans les soulèvements des populations slaves, et par-dessus tout la crainte d'être accusé de trahison que pouvait faire naître la paix, qu'il eût conclue avec l'Autriche, telles sont, à mon avis, les causes qui entraînèrent le roi à repousser les ouvertures pacifiques faites à Londres par le cabinet de Vienne.

Tandis que l'armée sarde, concentrée autour de Peschiera, couvrait cette place dont on réparait en toute hâte les fortifications, de graves événements s'accomplissaient dans la Vénétie, et le Piémont allait rester bientôt seul en face d'une puissance de premier ordre et devant une question grandie outre mesure.

Au retour de l'expédition de Rivoli à Valeggio, le roi apprit combien avaient été infructueux les efforts du général Pépé, dont les troupes étaient reparties pour Naples, excepté deux mille hommes qu'il était parvenu à entraîner, et avec lesquels il s'était jeté dans Padoue.

Divers rapports l'informèrent en même temps que le général comte de Nugent était parvenu à faire sa jonction avec le maréchal Radetzki après avoir battu différents corps de volontaires épars dans la Vénétie.

Ainsi plus les armes piémontaises obtenaient de succès, plus leur tâche devenait difficile.

L'assemblée de Francfort elle-même s'était empressée de protester contre toute attaque dirigée, soit par terre, soit par mer, contre une partie quelconque du territoire de la Confédération germanique.

Le roi tenait de fréquents conseils de guerre; on sentait qu'il régnait une grande indécision sur la direction ultérieure des opérations militaires. La nouvelle des dangers qui menaçaient le général Durando vinrent suspendre momentanément ces incertitudes.

Bien que le pape eût refusé de déclarer la guerre à l'Autriche, ses troupes, par une étrange anomalie, n'en combattaient pas moins en Vénétie. Elles étaient commandées par le général Durando, et se composaient de cinq mille hommes d'excellente infanterie suisse, de trois à quatre mille soldats romains ou *crociati* (1) romagnols, de quelque peu de cavalerie et de deux batteries de médiocre artillerie. Le roi avait plusieurs fois invité ce général à venir se joindre à l'armée sarde avec son corps d'armée; mais comme il avait eu quelque succès contre le général Welden qu'il avait repoussé lors des premières tentatives dirigées par les Autrichiens contre Vicence, il se montrait peu disposé à abandonner cette ville, soit qu'il espérât faire une guerre heureuse avec ses seules ressources dans l'État vénitien, soit, ce qui est plus probable, qu'il ne pût se résoudre à laisser sans défense une ville que son patriotisme ne signalait que trop aux vengeances des Autrichiens.

Pendant que l'attention des Piémontais se portait vers Rivoli, le maréchal Radetzki sortit de Vérone avec toutes ses forces, et, manœuvrant avec une précision et une hardiesse remarquable, vint attaquer, le 10 juin, la ville de Vicence.

Dès qu'il eut connaissance des projets de l'ennemi, le général Durando envoya prévenir le roi de sa position périlleuse, le faisant assurer toutefois qu'il saurait se maintenir pendant plusieurs jours.

Les attaques précédentes qu'il avait repoussées avec énergie inspiraient cette confiance au général Durando,

---

(1) *Crociati*, croisés, épithète renouvelée du moyen âge, et par laquelle on désignait les volontaires à cause de la croix verte, blanche et rouge, qu'ils portaient tous, brodée sur le côté gauche de leurs habits.

mais il ignorait encore quelles forces considérables étaient alors dirigées contre lui.

Cette nouvelle parvint au roi le 12 juin. Aussitôt il fut décidé que l'on profiterait de l'absence des Autrichiens pour se présenter sous Vérone et en tenter l'escalade. On espérait voir réussir cette entreprise à l'aide d'un soulèvement des habitants, préparé de longue date et qui devait éclater facilement pendant l'absence des troupes impériales.

En conséquence des ordres donnés, l'armée se trouva concentrée près de Villa-Franca à 9 heures du matin, et se mit aussitôt en marche pour Vérone.

Tandis que les troupes défilaient, et que le roi se mettait à déjeuner, le capitaine Canella, aide de camp du général Durando, vint lui apporter la nouvelle de la capitulation de Vicence.

Cette nouvelle désastreuse ne changea pas le marche de l'armée ; on espérait encore arriver à temps pour surprendre Vérone, dégarnie de troupes ; mais à peine eut-on atteint Aspro, qu'un habitant de la ville se présenta au roi, lui annonçant le retour du maréchal, et par conséquent l'impossibilité de faire soulever la population.

Le malheureux avortement de cette expédition décida Charles-Albert à regagner les positions qu'il venait de quitter.

La capitulation de Vicence fut un coup funeste pour la cause de l'indépendance italienne. On ne peut que déplorer la résolution prise par le général Durando de défendre cette ville, car, s'il se fût replié à temps, soit sur Venise, soit surtout sur l'armée piémontaise, il eût pu rendre les plus grands services. Réuni au général Pépé, il rassemblait les corps épars dans la Vénétie leur donnait de la consistance par la valeur disciplinée de ses régiments suisses, et pouvait alors, à la tête de vingt-quatre mille hommes, faire une puissante diversion sur les derrières de l'armée autrichienne. Réuni aux Piémontais, il leur assurait, pour le reste de la campagne, une supériorité numérique marquée, et le concours de son excellente infanterie suisse.

La résolution qu'il prit au contraire de défendre Vicence ne servit qu'à relever le moral de l'armée autrichienne et à priver les armes italiennes de dix mille combattants, la capitulation de Vicence ayant stipulé que ni lui ni ses troupes ne pourraient porter les armes contre l'Autriche pendant trois mois.

ROVERBELLA.

CHAPITRE HUITIÈME.

ROVERBELLA.

Le 30 juin nous quittâmes Valeggio. Le quartier général fut transporté à Roverbella, joli village situé sur la grande route de Vérone à Mantoue par Villa-Franca.

Depuis le retour de Vérone, dix-sept jours venaient de s'écouler dans une immobilité parfaite. On aurait pu se croire à un camp d'exercice, sans le pénible bivouac auquel étaient astreintes les troupes, mal abritées d'ailleurs contre l'ardeur d'un soleil desséchant, par des cahutes faites avec des branches de mûrier, et sans quelques coups de fusil échangés chaque jour d'une rive à l'autre de l'Adige par les vedettes des deux armées.

Cette longue immobilité dénote suffisamment quelle indécision faisaient naître, dans l'esprit du roi, les difficultés politiques et matérielles dont il était entouré.

En effet, depuis la retraite des Napolitains, les échecs éprouvés par les bandes de volontaires de la Vénétie et la défaite du général Durando à Vicence, les provinces vénitiennes ne pouvaient plus compter, pour obtenir leur indépendance, que sur les seuls efforts de l'armée sarde.

Quelques groupes d'insurgés occupaient bien encore Venise, Padoue et différents autres points du littoral de l'Adriatique, mais les hommes qui les composaient étaient trop peu exercés pour former des soldats capables d'affronter des troupes régulières en rase campagne. On ne pouvait donc attendre qu'une diversion passive de ce côté. On avait dû même envoyer à Venise (sur la demande expresse du gouvernement provisoire de cette ville) quatre bataillons piémontais, tant pour sa défense que pour influer sur les esprits en faveur de la fusion avec le Piémont. La flotte sarde mouillée, tantôt à Venise, tantôt sur la côte, protégeait également cette ville du côté de la mer et tenait en échec la flotte autrichienne.

On peut dire que le combat de Santa-Lucia (1), également glorieux pour les deux armées belligérantes, par l'acharnement avec lequel on y combattit de part et d'autre, marqua le terme de la dépression morale exercée sur les soldats autrichiens par les événements qui les avaient en

(1) Livré le 6 mai 1848, sous les murs de Vérone.

quelque sorte englobés inopinément dans un cercle de feu. Une fois ralliés par les renforts venus d'Allemagne, les Impériaux avaient tenté de reprendre l'offensive ; la bataille de Goito avait fait avorter leurs projets comme celle de Santa-Lucia avait arrêté l'impulsion des Piémontais ; et pour qu'il y eût plus d'analogie encore entre les suites de ces deux batailles, ils venaient, aussitôt après leur défaite, de s'emparer de Vicence, comme l'avaient fait les Piémontais de Peschiera après leur grave échec de Santa-Lucia. La situation de l'armée autrichienne s'améliorait chaque jour davantage, par suite du rétablissement de ses communications avec l'Autriche, à travers le pays vénitien, et des renforts qu'elle en avait reçus. Il devenait donc de plus en plus urgent, pour le roi de Sardaigne, d'adopter un plan de campagne qui n'abandonnât rien désormais au hasard, qui permît de renforcer l'armée sarde de tous les éléments militaires préparés tant en Lombardie qu'en Piémont, et enfin qui le mît en mesure, soit de profiter des fautes de son adversaire pour l'attaquer avec avantage, soit de lui résister aussitôt que, débarrassé de toute inquiétude sur ses derrières, l'Autrichien se déciderait à fondre de nouveau contre l'armée sarde.

Malheureusement la divergence de vues existant entre les principaux généraux de l'armée entretenait une fatale indécision dans l'esprit du roi, et les dix-sept jours passés à Valeggio s'étaient écoulés à discuter les différents plans soumis à son appréciation.

Parmi ces divers projets, celui du général Bava consistait à abandonner les hauteurs de Rivoli, à fortifier, à l'aide d'ouvrages de campagne, Valeggio et Goito, à les armer même de pièces de siége déposées à Peschiera (depuis la prise de cette place), et à faire occuper ces deux points ainsi que ceux de Volta et de Monzambano par de fortes garnisons, de manière à rester maîtres de tout le cours du Mincio depuis Peschiera jusqu'à Mantoue, puis enfin à bloquer cette dernière ville sur les deux rives du fleuve, et à faire éclairer continuellement le pays compris entre le Mincio et l'Adige par des colonnes mobiles.

Ce plan pouvait offrir sans doute certains inconvénients, mais aussi il les compensait par des avantages positifs, puisqu'il permettait d'employer les levées lombardes, tout en complétant leur organisation et leur instruction, et qu'il établissait l'armée piémontaise sur une ligne de bataille avantageuse et normale, dans le cas où elle eût été appelée à livrer un combat.

Après de longues hésitations (1), le roi adopta ce plan, mais en y apportant de telles modifications qu'il en était presque entièrement dénaturé.

---

(1) Le général Pépé, nommé par la République de Venise général en chef des forces italiennes répandues dans la Vénétie, a publié dernièrement un livre sur les révolutions italiennes en 1848. Dans cet ouvrage, il fait connaître le plan de campagne qu'il avait adressé au roi Charles-Albert, et dont l'idée principale était de transporter à Padoue le centre des opérations militaires, en y envoyant un corps de trente à quarante mille Piémontais. Je ne discuterai pas ici les idées émises par le général Pépé sur ce sujet, bien qu'elles me paraissent erronées sous

On laissa le corps d'armée du général comte de Sonnaz dans les positions de la Corona, Rivoli, Osteria-del-Bosca et Somma-Campagna, afin de couvrir Peschiera et d'intercepter les secours pouvant arriver au maréchal Radetzki par la route d'Inspruck. On fit occuper Valeggio et Monzambano par des bataillons provisoires sans fortifier aucun de ces points, et on se prépara à bloquer Mantoue sur les deux rives du fleuve aussitôt que les Lombards et les Toscans auraient rejoint l'armée.

Ceux-ci avaient été envoyés à Brescia pour se refaire de leurs pertes après la rude défaite qu'ils avaient éprouvée, le 29 mai, à Curtatone (1).

Tous les jours nous apprenions qu'un des morts de cette journée était ressuscité et se trouvait prisonnier chez les Autrichiens.

M. Montanelli (2), entre autres, professeur à l'université

---

plus d'un rapport; mais je dois dire que ce général, mal renseigné sans doute, a commis dans ses récits de graves erreurs au sujet des opérations de l'armée piémontaise. Quant à ses appréciations politiques, je me contenterai de dire qu'elles sont empreintes d'un caractère révolutionnaire qui doit ne les faire admettre qu'avec la plus extrême circonspection.

(1) Le corps toscan éprouva dans cette journée des pertes sensibles. Le nombre des morts s'éleva à près de quatre cents, celui des blessés à cinq ou six cents. Il y eut donc plus d'un sixième des combattants qui fut mis hors de combat. Plus de douze cents hommes furent, en outre, faits prisonniers. Comme on fut quelque temps sans connaître précisément le sort de ces derniers, le bruit public voulait qu'ils eussent tous péri dans le combat.

(2) Le même qui joua depuis un si coupable rôle dans les crises révolutionnaires de la Toscane.

de Pise, ne dut pas être peu surpris d'apprendre, au fond de sa prison, les superbes funérailles, les vers improvisés et les éloges funèbres dont sa prétendue mort avait été l'objet.

On raconte que son frère, accablé de douleur à la nouvelle de sa mort, s'est rendu sur les lieux où, disait-on, il avait perdu la vie, afin de rechercher sa tombe.

Un paysan auquel ce frère s'adressa eut aussitôt l'idée d'exploiter cette douleur fraternelle.

— « Venez, Monsieur, suivez-moi, lui dit-il, je vais vous montrer le lieu où votre illustre frère a rendu le dernier soupir et fut enseveli. »

Arrivés dans un champ, le paysan lui indique du doigt un tertre assez considérable, en ajoutant :

— « Voici sa tombe ! »

— « Quoi ! c'est ici ! s'écrie le malheureux frère en se jetant tout en pleurs sur la terre fraîchement remuée ; mais, dites-moi, ne pourriez-vous pas me désigner la place exacte ? car ce tertre est bien vaste, et je voudrais déposer un baiser sur la terre qui le recouvre. »

— « Ah ! pour cela, Monsieur, reprend le guide, c'est impossible, car, voyez-vous, nous avons réuni tous les corps dans une même fosse, et Dieu sait s'ils étaient en grand nombre !... »

— « Grande et noble pensée, mon ami, s'écrie le pieux visiteur en se relevant avec enthousiasme, pensée digne des amis sincères de l'égalité et de la fraternité ! Tous morts avec un courage égal, tous ensevelis dans un même sépulcre ! »

Quelques heures plus tard, le madré paysan racontait dans son village qu'on pouvait gagner gros à montrer les tombeaux des morts de Curtatone.

— « Mais où donc les prends-tu, ces tombeaux ? lui disait-on. Où as-tu mené ce Florentin ? »

— « Eh ! parbleu, répondait-il, je l'ai conduit tout droit à la place où nous avons enterré les chevaux. »

Il faut avouer, si cette anecdote est véritable, que le paysan de ces contrées est adroit à tirer parti de tout pour compenser les pertes que lui fait éprouver la guerre.

Nous restâmes impassibles à Roverbella, jusqu'au 13 juillet, attendant toujours l'arrivée chaque jour différée des troupes lombardes. Ces nouveaux délais avaient de graves inconvénients pour le moral du soldat piémontais. L'armée sarde est organisée bien plus au point de vue de la défense du territoire national que pour la conquête. Les soldats ne passent que quatorze mois sous les drapeaux, puis retournent dans leurs foyers, où ils restent à la disposition du gouvernement durant dix années (1). La loi ne leur interdisant pas le mariage, ils s'empressent de se marier, de sorte que sur soixante-dix mille hommes environ, dont se composait l'armée active le 15 juin (y compris les blessés et les malades), il y avait environ trente mille hommes mariés, pères de famille, dont toutes les pensées se repor-

(1) Dans l'artillerie, le génie et la cavalerie, les soldats servent trois années de suite, avant de rentrer dans les classes de réserve.

taient vers leurs femmes et leurs enfants. Aussi les entendait-on dire fréquemment :

« Il nous est égal de nous battre, pourvu que cela finisse vite, car nos familles ne peuvent subsister sans le secours de nos bras. »

Le soldat piémontais est naturellement brave, discipliné et religieux.

Partout où l'armée s'arrête, on voit les églises remplies de soldats. Chaque régiment a son chapelain, qui, toujours respecté, exerce une influence considérable sur sa troupe. Ces ecclésiastiques ne sont exposés à aucune plaisanterie inconvenante, comme cela arrive en d'autres pays. Leur conduite justifie la vénération dont ils sont l'objet ; il n'y a point de dangers capables d'arrêter leur zèle. Les soldats en outre respectent scrupuleusement les propriétés, et leur mérite en cela est grand, car le service des subsistances est si mal organisé, qu'ils manquent souvent du nécessaire.

L'organisation de cette armée, dont je viens de tracer les traits caractéristiques, fait ressortir encore plus combien une paix prompte devenait nécessaire, ou tout au moins combien il était important que les levées lombardes vinssent ranimer l'enthousiasme, les soldats piémontais s'étonnant de plus en plus de ne pas voir les Lombards partager leurs travaux, alors qu'ils combattaient en faveur de la Lombardie.

Enfin on apprit que la division lombarde, forte environ de dix mille hommes, et commandée par le général, baron de Perrone, était arrivée sur les bords de l'Oglio. On se prépara immédiatement à investir Mantoue. On fixa le 13 juillet pour cette opération.

J'ignore quelles considérations ont pu empêcher d'investir la place à la fois sur les deux rives du fleuve ; mais ce jour là, on se contenta de la bloquer sur la rive droite du Mincio. On voulait confier cette partie du blocus à la seule division lombarde, mais son peu d'instruction et d'expérience étaient telles, qu'on la renforça d'une division piémontaise commandée par le général Ferrère.

Le duc de Gênes vint avec sa division occuper Villa-Franca, où les Toscans devaient le relever pour y tenir garnison, concurremment avec deux bataillons de la brigade piémontaise de Pigneroles.

Le général Bava fit exécuter quelques ouvrages de campagne autour de Goito, mais on négligea de prendre des précautions analogues sur divers autres points importants du Mincio, entre Peschiera et Goito. Le général, comte de Sonnaz, fut chargé de conserver les positions qu'il occupait précédemment depuis la Corona, dans le Tyrol, jusqu'à Somma-Campagna, bien qu'on eût distrait de son corps d'armée la division entière du duc de Gênes. Ce général se trouvait ainsi obligé de couvrir, avec environ douze mille hommes, une étendue considérable de terrain, et l'armée allait se trouver répandue sur un front de près de vingt-cinq lieues, bien que le total de son effectif réel ne dépassât pas soixante-douze mille hommes, y compris les corps d'étudiants et de volontaires. Le gros des forces devant se trouver concentré autour de Mantoue, on peut dire que, depuis Villa-Franca jusqu'à la Corona, il n'y avait qu'un cordon de faibles détachements, incapables de résister par eux-mêmes et trop éloignés les uns des autres pour pouvoir se prêter secours en temps opportun (1).

Cette défectuosité de la ligne piémontaise fut blâmée de presque tous les officiers de l'armée. Dans l'état-major général plusieurs d'entre nous crurent que de telles dispositions n'avaient pu être prises que pour amorcer les Autrichiens et les attirer hors de leurs forteresses ; que ce cas était prévu et que des ordres secrets avaient été donnés à cet effet au général de Sonnaz.

Le 13 juillet, le roi vint assister à l'investissement de Mantoue sur la rive droite. A son passage, les troupes lombardes le saluèrent par des cris d'enthousiasme de bon augure. Mais les vêtements de toile de ces pauvres soldats faisaient peine à voir ; il était évident que les nuits humides des bords du lac causeraient de grands ravages dans les rangs de soldats si peu vêtus. Ils étaient en outre commandés par des officiers improvisés, dont la plupart étaient sans instruction militaire comme sans expérience. Les soldats connaissaient à peine le maniement des armes : on ne pou-

(1) Dans le projet soumis au roi Charles-Albert par le général Bava, projet dans lequel il proposait de faire le blocus de Mantoue, il était spécifié que le corps du général de Sonnaz devrait s'établir en arrière du Mincio, et que divers points de ce fleuve seraient fortifiés. Les graves changements apportés au projet du général Bava le déchargent entièrement, ce me semble, de la responsabilité des malheureux résultats de cette opération.

yait donc attendre que très-peu d'une troupe aussi jeune et aussi peu instruite.

Pendant que je suivais le cortége royal, je m'entendis appeler à haute voix. Tournant la tête aussitôt, j'aperçus un caporal lombard qui venait à moi la main étendue.

— « Hé! ne me reconnaissez-vous pas, Monsieur? me dit-il. »

Je cherchais en vain à me rappeler ses traits: aussi, après quelques instants d'examen, je lui répondis :

— « Franchement, mon ami, j'ai peine à mettre votre nom sur votre figure: ainsi, si vous avez quelque chose à me demander, parlez vite et dites-moi qui vous êtes.

— « Nous avons pourtant navigué ensemble sur le Rhône, reprit-il, il n'y a pas plus de deux mois. »

— « Ah! m'écriai-je aussitôt, je vous remets à présent; pardonnez-moi, Monsieur Gonzalès, si votre sarreau de toile et votre béret militaire vous ont rendu méconnaissable à mes yeux. »

Le jeune Gonzalès, car c'était bien lui, me dit en riant:

« — Eh bien! que dites-vous de me voir affublé de la sorte? »

— « Que vous avez fait la seule chose raisonnable qui fût à faire. Vos compagnons, dites-moi, sont-ils ici? »

— « Mes compagnons! s'écria Gonzalès avec un accent de mépris; une fois à Gênes, la compagnie fut dissoute en moins de vingt-quatre heures, et, de toute la bande, je suis le seul qui sois à l'armée. »

— « Vos camarades actuels se battent-ils? »

— « Qui sait! ils ne sont point bien sûrs d'eux, et encore moins de leurs officiers; enfin, avec l'aide des Piémontais, nous tâcherons de nous faire honneur.

Je souhaitai bonne chance au pauvre Gonzalès et rejoignis le cortége au galop, en pensant avec tristesse à la position présente de ce jeune homme, qui, poussé par son dévouement patriotique, avait fait quinze cents lieues et abandonné une position fructueuse pour venir braver une mort obscure, soit sur un champ de bataille, soit dans un hôpital. De tels exemples d'abnégation et de dévouement se rencontrèrent fréquemment parmi les Italiens au début de la guerre d'indépendance. Bien de nobles traits resteront enfouis dans l'oubli: car le caractère démagogique que prit plus tard la cause italienne a influé sur l'opinion publique au point de la rendre souvent injuste pour un peuple dont on aurait probablement exagéré l'héroïsme, si la victoire eût été fidèle à son drapeau. Puisse le jugement sévère de l'Europe inspirer aux Italiens une profonde exécration pour la démagogie et pour tout son hideux cortége d'athées impies et de vils assassins!

Tel est le progrès auquel tous les cœurs honnêtes doivent travailler en Italie, car sa réalisation peut seule permettre à ses habitants d'espérer de voir leur patrie entrer dans une sphère d'action plus conforme à leurs louables ambitions.

En arrivant aux avant-postes, près du hameau appelé *Delle Grazie*, à deux kilomètres de Mantoue, le roi s'arrêta dans une maison abandonnée. De là, contemplant le dôme de la cathédrale de cette ville, il nous dit en l'indiquant du doigt :

— « Quel bonheur il y aurait à entendre la messe sous cette coupole ! »

Après quelques instants de repos, le roi fit avancer les troupes et présida à leur collocation. De nombreux travailleurs se mirent aussitôt à tracer les ouvrages indiqués pour fortifier la ligne de circonvallation qu'on venait d'arrêter. Cette ligne s'étendait depuis les bords du lac de Mantoue, un peu en avant du village *Delle Grazie*, jusqu'au bord du Mincio inférieur, au-dessous de Mantoue, près d'une ferme appelée la Virgiliana.

Quelques coups de canons tirés de la place tuèrent quatre ou cinq hommes, du reste, l'ennemi n'entreprit rien contre nous. Le soir, nous revînmes avec le roi à Roverbella.

Dans les grandes crises nationales, les femmes se font toujours remarquer par leur exaltation, la violence de leur langage, la générosité de leur dévouement et un courage fébrile qui souvent atteint même l'héroïsme. Chose remarquable et d'ailleurs facile à expliquer ! ce sont les plus vertueuses, les plus chrétiennes, les plus austères qui déploient, dans de telles occasions, le plus d'intrépidité. Ces femmes prudentes, douces, réservées, timides même dans la vie ordinaire, communiquent alors une impulsion irrésistible aux masses qu'elles animent de leur exemple.

Les Françaises, pendant la Terreur, et dans la Vendée, les Espagnoles, pendant les guerres de la Péninsule contre la France, les Allemandes, en 1813, donnèrent d'éclatantes preuves de ce que peut inspirer d'énergique abnégation, d'audacieuse intrépidité et de stoïque constance, un sincère patriotisme uni à la foi chrétienne.

Les femmes italiennes eurent, elles aussi, des traits de vertu analogues, lors de l'élan patriotique de la Lombardie, en 1848.

Pendant les journées de mars, on les vit à Milan, quel que fût leur rang ou leur âge, prendre une part active au combat, aiguillonner, par leur exemple, le courage de leurs parents les plus proches, et se consacrer, après la lutte, à soigner les victimes de la guerre.

A Desenzano, les hôpitaux de l'armée étaient administrés par des dames lombardes ; nos blessés voyaient de nobles femmes panser de leurs mains délicates les cruelles blessures qu'ils avaient reçues sur le champ d'honneur. Plus tard, lorsque l'Italie vaincue poussait un dernier cri de guerre dans les murs de Brescia (1), on vit les femmes de cette héroïque cité, semblables aux filles de Saragosse, s'exposer les premières aux coups des Autrichiens, et unir leur enthousiasme à celui de leurs époux, pour défendre, jusqu'au dernier soupir, l'honneur national.

Mais une chose plus surprenante peut-être que de tels traits de courage avait été la constance des dames milanaises, qui, depuis 1815 jusqu'à ce jour, ont protesté contre l'incorporation du duché de Milan à l'Autriche, en refusant

(1) Après la bataille de Novare, à la fin de mars 1849.

tout rapport de société avec les Autrichiens, quels qu'aient été les efforts ou les séductions employées pour vaincre une obstination aussi injurieuse que nuisible à l'Autriche.

Cette hostilité passive était poussée à un tel point, qu'une femme avait moins à redouter pour sa réputation, d'une inconduite notoire, que d'une intimité quelconque avec un employé du gouvernement autrichien. Il y a là un symptôme de noble fierté et de patriotisme qu'on ne saurait méconnaître, ni se défendre d'honorer.

Au milieu des sanglantes conflagrations de l'insurrection lombardo-vénitienne, plusieurs Italiennes périrent victimes de leur audace, et toutes se signalèrent par la noble résignation avec laquelle elles supportèrent les maux inséparables d'une pareille lutte.

Souvent on voyait arriver au camp des dames milanaises ou génoises, qui venaient embrasser un fils, un frère, un mari. Elles faisaient, par leurs courtes apparitions, d'heureuses diversions à la monotonie de la vie des camps. La marquise Doria, entre autres, avait eu l'honneur de tirer le premier coup de canon contre Peschiera, à la grande joie des canonniers.

La nuit qui suivit notre retour à Roverbella, deux dames milanaises vinrent nous rappeler ce que c'était que la grâce, l'esprit et l'élégance. Mmes Taverna et Ippolita d'Adda arrivèrent vers deux heures du matin à nos avant-postes. Leur voiture était chargée de provisions de toutes espèces, ce qui ne les empêcha pas d'être mal accueillies par les sentinelles avancées. Comme elles ne savaient point le mot d'ordre et ne tenaient aucun compte du *Qui-vive*, l'inexorable factionnaire eut la rigidité de faire feu. Leur frayeur fut grande, on nous les amena captives, elles qui d'habitude se voyaient entourées d'esclaves; mais nous, du moins, nous avions pour excuse d'un accueil si peu courtois l'obscurité qui dérobait à nos yeux leurs charmants visages, et elles voulurent bien nous pardonner en considération de notre vigilance, dont le peu de galanterie de la sentinelle venait de faire foi.

Pendant leur séjour à Roverbella, une députation de la ville de Venise vint présenter au roi l'acte de fusion avec le Piémont, décrété par le peuple des lagunes. Ce nouvel hommage accroissait d'autant plus les obligations des Piémontais et rendait la paix de moins en moins possible.

Un nouveau personnage parut à son tour : c'était M. Garibaldi, récemment revenu de Montevideo, et qui, dès son débarquement à Gênes, avait été proclamé le sauveur de l'Italie par les organes du parti exalté.

Il me parut avoir d'assez beaux traits et une figure énergique. On eut peut-être tort de ne pas l'admettre dans l'armée : car, blessé dans son amour-propre, cet homme, d'une bravoure incontestable et d'un esprit aventureux, s'est livré entièrement depuis au parti révolutionnaire; ce que très-probablement il n'eût pas fait, s'il eût porté l'uniforme piémontais. Il faut convenir, toutefois, que le fracas des Génois pour leur compatriote Garibaldi ne pouvait pas trouver un écho bien favorable dans l'armée sarde, où l'on ne comprenait guère comment on acclamait des titres de *Eroe, Prode, Vincitore* (1), un homme qui n'avait rien fait jusqu'alors, ou du moins dont les services militaires en Amérique n'offraient rien de bien éclatant.

Le 16 juillet, nous fûmes informés qu'un corps de huit mille Autrichiens, commandés par le prince de Lichtenstein, avait franchi le Pô, aux environs d'Ostiglia, et se dirigeait sur le duché de Modène.

Le général Bava forma aussitôt un détachement de cinq mille hommes, composé de la brigade de la reine, commandée par le général Trotti, de deux batteries d'artillerie d'une compagnie de bersaglieri, sous les ordres du capitaine Lyons, et du régiment de Gênes-cavalerie.

Le 17 juillet, le corps expéditionnaire se mit en marche, sous la conduite du général Bava, pour le Modenais. Arrivé à Borgoforte, il apprit que l'ennemi s'était retiré sur Ostiglia (2).

Cette retraite rendant sans objet sa marche sur les Duchés, le général Bava saisit cette occasion pour déloger un corps de deux mille Autrichiens établis à Governolo, gros village que sa situation sur le bas Mincio, près de son embouchure dans le Pô, rend d'autant plus important pour l'ar-

(1) Héros, valeureux, victorieux.

(2) La suite des événements militaires de cette campagne me fait supposer que la démonstration du prince de Lichtenstein contre les Duchés eut pour principal but d'attirer de plus en plus les forces piémontaises vers le Pô, afin de faciliter l'attaque exécutée peu de jours après par le maréchal Radetzki contre le général de Sonnaz.

mée qui veut bloquer Mantoue, qu'un pont facilite en cet endroit les communications entre les deux rives.

Governolo est bâti sur la rive gauche du Mincio. Le pont est construit en pierre ; mais la dernière arche du côté du village forme pont-levis. Une batterie ennemie, avantageusement placée, en défendait l'accès.

Le général Bava, ayant remarqué à Borgoforte de grands bateaux couverts, y fit embarquer secrètement la compagnie de bersaglieri du capitaine Lyons, auquel il enjoignit de descendre le Pô jusqu'au-dessous de l'embouchure du Mincio ; là, de prendre terre, puis de se diriger rapidement sur Governolo et de s'y jeter impétueusement aussitôt qu'il entendrait la canonnade engagée de part et d'autre. Lui-même, à la tête du reste du corps expéditionnaire, marche directement sur Governolo.

Le 18 juillet, dans l'après-midi, il se présente en face de Governolo. Son avant-garde culbute les avant-postes autrichiens, qui traversent en fuyant le pont-levis que l'on hisse aussitôt. L'artillerie s'avance au galop, se met en batterie sur la levée du fleuve et entame une vive canonnade avec l'ennemi. La brigade de la reine jette quelques détachements en tirailleurs le long du fleuve et se forme en colonnes d'attaque de chaque côté de la route. La cavalerie, également en colonnes, se prépare à charger au premier signal.

Au bout de trois-quarts d'heure environ, de bruyantes fanfares, parties de la rive gauche, annoncent l'arrivée des bersaglieri. Les Autrichiens, surpris de se voir attaqués par derrière, hésitent un instant. Le capitaine Lyons se précipite dans Governolo avec sa compagnie ; les bersaglieri pénètrent jusqu'au pont-levis dont ils brisent les chaînes. La cavalerie s'élance aussitôt, culbute les Impériaux, qui fuient de toutes parts vers Mantoue. La brigade de la reine arrive au pas de course, écrase tout ce qui veut résister encore, et deux pièces d'artillerie, le drapeau du régiment Rokavina, quatre cents soldats et dix-huit officiers faits prisonniers, deviennent les trophées de ce brillant fait d'armes.

La nouvelle de ce succès vint à propos pour relever le moral des troupes, que cent vingt jours de bivouac commençaient à éprouver fortement, et acquit au général Bava non-seulement l'estime de toute l'armée, mais aussi la confiance et l'affection de tous les soldats.

Pendant cette brillante expédition, l'armée avait exécuté un nouveau mouvement : le quartier général avait été porté à Marmirolo, où se trouvait campée la brigade des gardes commandée par le général Bischiaretti. Le duc de Gênes avec sa division occupait Canedole ; le duc de Savoie se trouvait campé avec la brigade Cuneo entre Castel-Belforte et Castellana; le général Sommariva (marquis d'Aix) à Castel-Belforte avec la brigade d'Aoste. Villa-Franca était gardé par les Toscans sous les ordres du général Laugier et deux bataillons de Pinerolo tirés de la division du duc de Gênes; le général piémontais Manno commandait la place. La cavalerie se trouvait répartie en arrière de Villa-Franca sur la route de Goito à Trecata, Roverbella et Quaderni.

Le blocus était donc presque entièrement formé; il ne restait plus de libre que la route de Mantoue à Legnago par Sanquinetta. On s'attendait d'un jour à l'autre à la voir occupée par une forte brigade.

Bien que le service des espions fût fait d'une manière très-imparfaite, nous savions qu'un corps assez considérable était campé aux environs d'Ostiglia. Il est malheureux qu'on n'ait pas profité de l'enthousiasme produit par la brillante affaire de Governolo, pour marcher sur Ostiglia : on aurait pu y rejoindre le corps du général Lichtenstein et remporter de notables avantages sur cette partie de l'armée impériale, ce qui aurait amené probablement de profondes modifications dans le résultat des journées suivantes.

Le 19 juillet, on amena successivement au quartier général deux officiers d'état-major autrichien arrêtés par nos patrouilles, tandis qu'ils se rendaient tranquillement en voiture de Mantoue à Vérone.

L'un d'eux ne pouvait se consoler de sa disgrâce, et répétait à chaque iustant que ce qui l'affligeait le plus, c'était de penser que l'armée piémontaise se trouvant précisément dans la position où désirait l'amener le maréchal Radetzki, celui-ci remporterait sous peu de jours une victoire à laquelle il ne pourrait pas assister.

Cette prédiction, malheureusement trop tôt vérifiée, ne

laissa pas d'éveiller quelques craintes ; mais la présence d'un corps ennemi du côté de Sanquinetta faisait craindre plus particulièrement une attaque de ce côté.

Le 22 juillet, je fus chargé d'aller visiter, avec M. le marquis Cordon de Latour, fils du maréchal de Latour, seul maréchal du Piémont, capitaine d'état-major, les campements de diverses divisions ; nous arrivâmes vers le soir à celui du duc de Savoie.

Victor-Emmanuel, fils aîné du roi Charles-Albert(1), est né le 14 mars 1820. Sa taille moyenne est bien prise, et respire un air de vigueur que confirme son activité infatigable. Son visage hardi est bien celui d'un soldat fortement trempé. Tout en lui est militaire : visage, tournure, son de voix, caractère. Il est bon et loyal; ses goûts prédominants sont le cheval et la chasse. Il a souscrit sans hésitation à la transformation du pouvoir absolu en pouvoir constitutionnel. Sa bravoure impétueuse l'a rendu cher au

---

(1) S. A. R. le duc de Savoie a épousé, le 12 avril 1842, Marie-Adélaïde-Françoise-Régnière-Élisabeth-Clotilde, archiduchesse d'Autriche, fille de l'archiduc Régnier, vice-roi d'Italie, et de Marie-Élisabeth-Françoise de Savoie-Carignan, sœur du roi Charles-Albert. Le duc de Savoie est monté sur le trône, le 24 mars 1849, par suite de l'abdication de son père, signée à Novare. La reine, sa femme, joint à beaucoup de grâce et d'esprit une taille des plus nobles et un visage plein de beauté et d'agrément. Ses vertus, sa bonté et son affabilité, lui ont depuis longtemps acquis le respect et le dévouement de ses nouveaux sujets.

soldat. Elevé avec une extrême sévérité par son père, il n'a jamais cessé de lui témoigner une sincère affection et le respect le plus parfait.

En arrivant au camp de ce prince, je trouvai les troupes sous les armes. Chaque bataillon avait formé le cercle, et écoutait la lecture de l'ordre du jour adressé à l'armée pour lui annoncer la prise de Governolo.

Le soleil d'un rouge vif et menaçant était au moment de disparaître, et ses rayons, se brisant sur l'acier des baïonnettes, les faisaient scintiller de mille feux; dans le lointain, on apercevait le dôme majestueux de la cathédrale de Mantoue. Cette scène avait un aspect martial et religieux à la fois; je m'arrêtai pour la contempler, et, au milieu du plus profond silence, j'entendis les mots suivants arriver jusqu'à moi : «Soldats! cette victoire de vos compagnons d'armes répand sur nos armes une gloire commune à toute l'armée, et prouve que partout où une partie quelconque de nos troupes parvient à rencontrer l'ennemi, il ne peut résister à la valeur italienne; l'indépendance de la patrie est désormais infailliblement assurée par vos robustes bras» (1).

---

(1) Soldati, questa vittoria de' vostri commilitoni torna a gloria comune dell' esercito, e dimostra che ovunque e conqual sivoglia parte delle nostre truppe ci avvenga di poter incontrare il nemico, esso non può resistere al valore italiano, e che l'indipendenza della patria è oramai infallibilmente dalle forti vostre armi assicurata.

Les cris de *Vive le Roi!* répondirent à cette proclamation; mais aussitôt un coup de canon, parti de la citadelle de Mantoue, vint, en quelque sorte, protester contre l'assertion des Piémontais.

En entendant ce son menaçant rompre les vibrations de l'air encore rempli des cris de victoire, une pensée lugubre s'empara de mon esprit ; il me sembla que je venais d'entendre le dernier cri de triomphe de l'Italie.

STAFFALO.

CHAPITRE NEUVIÈME.

STAFFALO.

Le 22 juillet au matin, les Autrichiens, descendant du Tyrol par le Monte-Baldos, avaient attaqué la Corona, mais s'étaient vus arrêtés pendant six heures par la résistance opiniâtre d'un bataillon du 14e de ligne, soutenu d'une section d'artillerie. Le major Jean Vitale, commandant de ces troupes, reconnaissant l'impossibilité de tenir plus longtemps, se replia en bon ordre sur Rivoli. Le général de Sonnaz étant accouru à la tête de deux bataillons du 16e de ligne et d'une demi-batterie d'artillerie, le combat recommença, et la Corona fut occupée de nouveau par les

Piémontais, malgré la grande supériorité numérique des Autrichiens.

Ce combat avait duré jusqu'à neuf heures du soir ; les troupes étaient très-fatiguées ; néanmoins le général de Sonnaz voyant bien que l'ennemi, dont les forces grossissaient de plus en plus, renouvellerait l'attaque le lendemain, fit évacuer la Corona pendant la nuit et se replia sur Offi et Cavaglione.

Chargé de défendre toutes les hauteurs qui, de Rivoli jusqu'à Somma-Campagna, couvrent la place de Peschiera, le général de Sonnaz avait éparpillé ses troupes sur un espace très-étendu. Ce mouvement de retraite de son extrême gauche lui était donc plus favorable que désavantageux.

Depuis quelques jours, le maréchal Radetzki avait effectué une concentration considérable sous Vérone, et le dimanche 23, à six heures du matin, il fit attaquer les positions de Somma-Campagna, Madona-del-Monte, Sona et Osteria-del-Bosco.

Le village de Somma-Campagna, formant l'extrême droite du corps du général de Sonnaz, était occupé par un bataillon du 13ᵉ régiment d'infanterie piémontaise, un régiment toscan et une demi-batterie de même nation.

A peine le feu était-il ouvert, que les Toscans lâchaient pied, entraînant leur artillerie dans leur fuite.

Le bataillon du 13ᵉ de ligne piémontais se défendit vaillamment plus de trois heures ; mais enfin, se voyant sur le point d'être enveloppé, il opéra sa retraite.

Pendant ce temps, le combat se soutenait avec la plus grande vivacité à Osteria-del-Bosco et à Sona, où l'artillerie piémontaise se distingua, comme partout, par son habileté et son sang-froid (1).

Vers onze heures, le général Broglia, se voyant tourné par suite de l'abandon de Somma-Campagna, dut faire évacuer les positions et se retirer en bon ordre sur Pacengo, où il rejoignit le général de Sonnaz. Les troupes, une fois réunies, continuèrent le mouvement de retraite jusqu'à Cavalcasella, où elles bivouaquèrent. On avait placé à Valeggio deux bataillons provisoires, sous le commandement du major-général Bruno. Ces bataillons, de nouvelle formation, et composés en majeure partie de recrues lombardes, avaient refusé la veille de prêter serment de fidélité au Roi. Elles montrèrent si peu de bonne volonté pour se battre, lorsque les fuyards toscans arrivèrent, que le général Bruno, après avoir fait diriger les malades sur Volta, crut devoir se retirer de l'autre côté du fleuve, à Borghetto. Un ordre, envoyé par le général en chef, leur enjoignit de réoccuper Valeggio, ce qui fut exécuté sur les dix heures du soir.

Tel fut le premier acte des opérations autrichiennes. En les examinant avec attention, on est étonné que les

(1) Le marquis de Costanze, commandant une demi-batterie à Sona, fut blessé d'une balle à la cuisse vers le milieu de l'action, et ne remit le commandement à son lieutenant que lorsque la douleur ne lui permit plus de rester sur son cheval.

attaques du 22 et du 23 aient été successives et non simultanées.

La longueur de la ligne occupée par l'armée piémontaise donnait l'assurance aux Impériaux qu'aucun secours ne pouvait arriver au général de Sonnaz assez à temps pour le soutenir contre une attaque vive et simultanée. Il se trouvait donc isolé avec environ douze mille hommes et réduit à ses seules ressources pour défendre avec ce peu de forces de nombreuses positions, ce qui le rendait encore plus vulnérable.

Si le 22, les Autrichiens avaient exécuté, avec les troupes sorties de Vérone, leur attaque sur Somma-Campagna, pendant que la Corona était assaillie par les troupes descendues du Tyrol, il est probable que ce faible corps d'armée eût été entièrement détruit. — Si, le 23, la colonne autrichienne descendant du Tyrol, eût marché hardiment sur le derrière des positions, laissées entièrement à découvert par la retraite des troupes de Rivoli sur Affi et Cavaglione, celles qui occupaient Santa-Giustina, Osteria-del-Bosco, Sona et Somma-Campagna, attaquées à la fois de front par l'armée sortie de Vérone, et en queue par les troupes descendant du Tyrol, eussent été anéanties ou forcées de poser les armes. La forteresse de Peschiera se fût trouvée immédiatement à découvert ; le passage du Mincio pouvait s'exécuter sans coup férir, et l'armée piémontaise se trouvait dans la position la plus critique. Mais les Autrichiens, soit qu'ils ne fussent pas bien renseignés sur les forces qu'ils auraient à combattre, soit que la distance, qui séparait leurs deux attaques, ait nui à la bonne exécution de leurs dispositions, n'ont pas tiré, dès à présent, tous les avantages que leur offrait la position aventurée du corps d'armée du général de Sonnaz, ainsi que leur immense supériorité. Quant au corps piémontais, il a perdu ses positions (1) : mais il s'est retiré en entier sous Peschiera, où il peut être rallié par l'armée principale. Rien n'est donc définitivement décidé, et la victoire peut revenir du côté des Italiens.

Le 24, à une heure du matin, les Autrichiens se montrèrent sur la rive gauche du Mincio, à Sallionzo. Le général Federici, campé à Monzambano, en face de Sallionzo, avec un bataillon provisoire et deux compagnies de volontaires, formées de jeunes étudiants, se porta aussitôt sur les bords du fleuve avec ses troupes, qui soutinrent le feu de l'ennemi avec vigueur jusque vers une heure de l'après-midi.

Les cartouches commençant à manquer, son chef d'état-major, le major Basso, se porta rapidement dans la direction de Pozzolenzo, pour hâter l'arrivée des caissons d'infanterie, dont on ne s'expliquait pas le retard. Le major Basso rencontra bientôt le général de Sonnaz, qui, à deux heures du matin, avait repris son mouvement de retraite, et repassé le Mincio à Peschiera. L'ayant informé que l'ennemi semblait vouloir jeter un pont à Sallionzo, il

(1) On doit regretter d'avoir trop disputé aux Autrichiens les hauteurs de Rivoli et de la Corona; il eût mieux valu se concentrer sur Valeggio et, de là, tendre la main au gros de l'armée.

revint en hâte prévenir le général Federici de l'arrivée du corps d'armée, et tous deux pensèrent que désormais on serait en mesure de déjouer le projet des Autrichiens.

Dans la matinée du 24, le major Basso avait eu le soin de donner l'ordre aux sapeurs du génie, préposés à la garde du pont de Ponti, de retirer le tablier, et de se tenir prêts à le rétablir au premier signal : mais un ordre imprudemment donné, par un zèle très-mal entendu, avait fait jeter à l'eau tout ce matériel qui, entraîné par le courant sous les arches du pont de Borghetto, avait semé l'alarme à Valeggio, et décidé le général Bruno à évacuer pour la seconde fois cette position importante.

Le major Basso, prévenu à temps, s'empressa de remédier à la perte du tablier du pont, en s'assurant dans les environs de tous les matériaux nécessaires pour rétablir, en cas de besoin, la communication entre les deux rives. Le général de Sonnaz, ayant pris connaissance de tous ces détails, regarda ou feignit de regarder comme impossible que les Autrichiens osassent passer la rivière : mais bientôt cependant les ennemis ayant jeté un pont, débouchèrent en colonne sur la rive droite. Appréciant alors rapidement les ressources dont il pouvait disposer, ce général fit immédiatement rétablir le pont de Ponti, et ordonna à la brigade de Savoie de le traverser et de se jeter sur le flanc des Autrichiens.

En même temps, le 14e régiment de Pinerola et un régiment modénais, avec l'artillerie, vont contenir les Autrichiens sur la rive droite; il espère ainsi prendre l'ennemi en flanc et remporter un avantage signalé. Les ordres venaient d'être expédiés, lorsqu'on l'avertit que le 14e régiment n'était plus à son poste et s'était retiré précipitamment sur Peschiera, dans la crainte d'être enveloppé par l'ennemi.

Cette nouvelle fut un coup terrible pour le général de Sonnaz : car il ne lui était plus donné de s'opposer au passage des Autrichiens, ni de les culbuter dans la rivière, comme il en avait eu l'intention. Il ordonna alors la retraite et vint s'établir à Volta, ralliant à lui les bataillons provisoires sortis de Valeggio, et campés à Borghetto, ainsi que ceux qui avaient bravement combattu toute la matinée à Sallionzo. Les étudiants se couvrirent de gloire dans cette occasion ; ils supportèrent le feu de l'artillerie ennemie avec intrépidité, malgré des pertes sensibles.

Un corps de dix mille Autrichiens déboucha ainsi sur la rive droite, et prit position sur les bords du fleuve sans poursuivre les Piémontais.

Voyons actuellement ce qui se passait, pendant ces deux journées, au quartier général.

Le matin du 23, nous avions été réveillés par la forte canonnade engagée sur les hauteurs de Somma-Campagna. Des officiers d'état-major étaient allés à la découverte, et bientôt on avait appris que Somma-Campagna, Sona et Osteria-del-Bosco étaient vigoureusement attaqués. Je fus envoyé jusqu'à Villa-Franca pour prendre des informations. A peine entrai-je dans la ville, où je trouvai toutes les troupes sous les armes, que le général Manno me fit retourner bride abattue à Marmirolo, pour prévenir le Roi que douze à quinze mille hommes se présentaient à ses avant-postes, et qu'il s'attendait à être attaqué d'un instant à l'autre.

Le général Manno avait sous ses ordres un bataillon de Pignerol, plus le reste du corps toscan. En retournant sur mes pas, je prévins le colonel de Genova, cavalerie, cantonné à Mozzecana, de tenir son régiment prêt à monter à cheval, et, arrivé à Roverbella, je remis au général Olivieri un billet du général Manno, l'informant de ce qui se passait à Villa-Franca. Le général Olivieri prit aussitôt ses dispositions, et partit pour Villa-Franca, accompagné des batteries à cheval et de la cavalerie.

Pendant ce temps le Roi recevait les envoyés siciliens, qui venaient offrir au duc de Gênes la couronne de Sicile. Ainsi, la fortune se plaisait à flatter encore celui qu'elle se préparait à abandonner si cruellement, et, tandis qu'elle guidait le maréchal Radetzki vers la victoire, elle souriait encore au monarque qu'elle avait bercé jusqu'alors des espérances les plus brillantes. La réponse du roi fut gracieuse, mais dilatoire ; le canon, qui grondait au loin, disait assez que la victoire seule pouvait décider une aussi grave question. Après avoir congédié les envoyés siciliens, le Roi se rendit à la messe. Ce fut en sortant de l'église, qu'il apprit ce qui se passait à Somma-Campagna et la position critique du général Manno.

« Si les Toscans sont une seconde fois battus sans être

secourus, que dira l'Italie? » Telle fut la première pensée qui s'échappa de sa bouche; après quelques instants de réflexion, il fit transmettre au duc de Savoie, au duc de Gênes et au général Sommariva, l'ordre de se diriger rapidement, avec leurs divisions, vers Villa-Franca, où il se rendit aussitôt lui-même, entouré de la garde.

On ne laissa à Marmirolo qu'un bataillon de chasseurs sardes. Les équipages eurent ordre de se rendre à Goito, assigné comme point de rendez-vous général. Un aide-de-camp fut en même temps expédié au général Bava, pour lui dire d'accourir au plus tôt auprès du Roi.

La brigade de la Reine reçut aussi l'ordre de se rendre, à marches forcées, de Governolo à Goito.

Les troupes se mirent en marche à midi; la chaleur était étouffante; à chaque pas, on voyait des soldats, accablés par cette température insupportable, tomber suffoqués sur la route, où plusieurs d'entre eux périrent de fatigue et d'épuisement.

Près de Villa-Franca, on apprit que l'ennemi n'avait rien tenté contre cette position, mais qu'il s'était dirigé vers Somma-Campagna, pour opérer sa jonction avec les troupes qui avaient commencé l'attaque sur ce point.

Vers quatre heures du soir, les divisions du duc de Savoie et du duc de Gênes se trouvaient concentrées sous Villa-Franca; celle du général Sommariva n'y arriva que le 24, à cinq heures du matin, après une longue marche de nuit.

Villa-Franca forme à peu près le centre des plaines renfermées entre le Mincio et l'Adige. Deux larges rues, formant une croix, la partagent du nord au midi et de l'est à l'ouest. La première conduit, au nord, vers les routes de Valeggio et de Somma-Campagna qui viennent se réunir à l'entrée de la ville ; la seconde donne sur la grande route de Vérone, à l'est, et aboutit, vers l'ouest, à un vieux château fort, reste de l'ancienne puissance des Scaligieri, qui l'ont bâti. D'anciens donjons, sous lesquels se prolonge la rue, sont reliés entre eux par de hautes murailles noircies par le temps et qu'entourent de vastes fossés remplis d'arbres fruitiers. Autour de ces murailles se trouvent disposées quelques pièces d'artillerie, battant les différentes routes convergentes à la façade ouest du château et conduisant l'une vers Roverbella, l'autre vers Isola-Della-Scala. Pendant la nuit, le donjon de cette antique forteresse projetait ses grandes ombres sur la rue principale de Villa-Franca, et son aspect sévère et triste semblait garder le souvenir de sa grandeur déchue.

Les soldats se trouvaient couchés par bataillons, des deux côtés de la rue; une batterie d'artillerie en occupait le centre. Dans les cafés, les officiers, enveloppés de leurs manteaux, tâchaient de prendre un peu de repos sur des chaises. Quelques-uns avaient transporté des tables dans la rue pour s'y étendre, et jouir ainsi d'un peu de fraîcheur. Mais la plupart se promenaient, causant de la situation grave dans laquelle on se trouvait et des grands événements que chacun pouvait prévoir.

On sentait le besoin de la présence d'un homme habile,

capable de prendre une décision, et chacun partageait l'impatience évidente du Roi de voir arriver le général Bava. Le Roi occupait une mauvaise chambre dans une auberge. Il paraissait fréquemment sur le balcon, d'où il plongeait ses regards dans la direction de Goito, par où devait arriver le général Bava. Chaque fois que les soldats apercevaient leur souverain, des cris de : *Vive le Roi !* retentissaient dans toute la ville.

Malheureusement, le général Bava avait quitté Goito, le 23, de grand matin, pour visiter les différents postes du blocus de Mantoue, sur la rive droite. L'avis du Roi ne put le rejoindre qu'à la Virgiliana, point extrême des lignes de circonvallation. Il partit aussitôt : mais, avant de se rendre à Villa-Franca, il voulut connaître la situation du premier corps, et se dirigea vers Volta.

Ce fut là qu'il apprit les différents incidents des combats de la veille et ceux de la journée.

Ayant expédié différents ordres, tant à la deuxième division de réserve qu'au général Bruno, il passa par Marmirolo, et arriva enfin à Villa-Franca, le 24, à neuf heures du matin. Un conseil de guerre fut aussitôt réuni. Le général apprit au Roi le détail des événements de la veille du côté de Rivoli, et chacun partageant l'espérance que le général Sonnaz serait à même de défendre le passage du Mincio, on résolut d'attaquer l'ennemi en queue afin de le refouler sous Peschiera, en lui coupant la retraite sur Vérone. Cependant, comme la chaleur était étouffante, on ne devait attaquer qu'à trois heures pour ménager le soldat.

L'arrière-garde des Autrichiens occupait les fortes positions qu'ils avaient enlevées la veille depuis Somma-Campagna, Berettara, le Val de Staffalo et le Monte-Torre. Leur centre s'étendait, de Custoza par Valboa et Oliosi, jusqu'à Sallionze, tandis que leur avant-garde passait le Mincio à Sallionzo.

Les troupes piémontaises, formant à peu près 18,000 hommes d'infanterie, 2,000 chevaux et 6 batteries d'artillerie, se présentèrent, à trois heures, en présence de l'ennemi dans l'ordre suivant :

La brigade de Piémont, commandée par le duc de Gênes, à l'aile droite, en face de Somma-Campagna;

La brigade Cuneo, commandée par le marquis de Boyl, au centre de la ligne, à l'embouchure de la vallée de Staffalo ;

La brigade des gardes, commandée par le duc de Savoie, formant l'aile gauche, en face du Monte-Torre;

La brigade d'Aoste, placée en réserve à Acquaroli, était à même de s'opposer à l'ennemi s'il eût voulu tourner l'extrême gauche, en débouchant dans la vallée par la route de Valeggio.

Une brigade de cavalerie, commandée par le général comte de Robillant, se dirigea, par la route de Valeggio, vers le débouché des gorges qui, sous Custoza et Gherla, donnent accès dans de belles prairies favorables au déploiement de la cavalerie. Il avait mission de couvrir le flanc gauche de l'armée, d'observer les mouvements de l'ennemi et de le charger s'il essayait de se retirer dans cette direction.

Une autre brigade de cavalerie, avec une batterie d'artillerie légère, fut chargée de soutenir l'attaque de l'aile droite et d'observer la plaine du côté de Vérone.

A trois heures, l'action s'engagea par quelques coups de canon partant du Mont-Torre. Presque aussitôt, le combat s'étendit sur toute la ligne.

Les tirailleurs, lancés par le duc de Savoie, gravirent le mont Torre, protégés par le feu d'une batterie d'artillerie, et gagnèrent du terrain avec une grande hardiesse.

A l'aile droite, la cavalerie était reçue par un feu de tirailleurs des plus vifs, qui la faisait cruellement souffrir; mais deux bataillons d'infanterie, venus à son secours, décidèrent l'ennemi à la retraite.

Le duc de Gênes, put dès lors attaquer Somma-Campagna, où les Autrichiens se défendirent avec la plus grande valeur. Au centre, la brigade Cuneo, lancée avec impétuosité contre l'ennemi, pénétrait dans la vallée de Staffalo. Sur toute la ligne, les Autrichiens faisaient une forte résistance; mais bientôt le mont Torre ayant été occupé par la brigade des gardes, celle de Cuneo, engagée dans la vallée de Staffalo, reçut ordre de déloger les Autrichiens à tout prix. Ceux-ci, avantageusement postés sur les hauteurs de droite, faisaient un feu meurtrier. Le Roi, placé au centre de la bataille, en avait suivi toutes les phases, il se porta alors sur le mont Torre, afin de mieux juger du mouvement ordonné. Bientôt on vit Cuneo gravir les hauteurs au pas de charge.

Ces braves gens s'avançaient à la baïonnette sans risposter au feu continuel de l'ennemi. Arrivés à cent pas du carré ennemi, les Piémontais entamèrent la fusillade; puis, après quelques minutes, se précipitèrent à la baïonnette.

L'ennemi n'attendit pas le choc. A la vue de sa fuite, un cri de victoire répondit, sur le mont Torre, au cri de victoire poussé par la brigade de Cuneo. L'affaire était décidée sur ce point : mais on entendait encore le canon gronder dans la direction de Somma-Campagna. Le général Bava se porta au galop dans cette direction. Il apprit, en chemin, que le duc de Gênes s'étai trendu maître de Somma-Campagna, après un rude combat. Cette nouvelle victoire, page glorieuse dans l'histoire militaire du Piémont, était due aux bonnes dispositions du général Bava. Elle relevait les espérances de l'armée, un moment ébranlée par les fâcheux événements de la veille; la ligne de retraite des Autrichiens était compromise, et tandis qu'ils profitaient de l'obscurité pour rallier leurs fuyards, le Roi rentrait à Villa-Franca, aux applaudissements de la foule. Dix-sept cents prisonniers, quarante-huit officiers et un drapeau autrichien lui étaient bientôt présentés.

Chacun des témoins de cette belle journée disait : « A demain les résultats. » Jamais peut-être les Italiens ne se crurent aussi près de toucher au but de leurs efforts que le soir du 24 juillet.

CUSTOZA.

CHAPITRE DIXIÈME.

CUSTOZA.

En entrant à Villa-Franca, le roi Charles-Albert trouva la ville illuminée. Sur son passage se pressaient les Toscans et les soldats du bataillon piémontais de Pignerol, restés chargés de la défense de cette position pendant la bataille. Electrisés par la nouvelle victoire de leurs frères d'armes, ils saluaient avec enthousiasme ce prince qui semblait dès lors marcher à un triomphe assuré.

En arrivant à son logement, le roi reçut la nouvelle des échecs éprouvés le matin par le général de Sonnaz.

Il rassembla aussitôt un conseil de guerre, et il y fut

décidé que le lendemain, à cinq heures du matin, les troupes auraient à reprendre leur marche, pour compléter la victoire en rejetant l'ennemi dans les gorges du Tyrol.

Ayant passé la journée et la nuit du 23 à courir d'un point à un autre, ayant ensuite pris part à toutes les brillantes opérations du 24, j'étais abîmé de fatigue; mais les émotions du jour et la joie d'une victoire, qui compensait amplement les succès des Autrichiens durant les journées précédentes, m'avaient empêché de sentir jusqu'alors le besoin du sommeil. Ma monture, brave cheval anglais, qui, depuis deux jours, me servait vaillamment, trébuchait à chaque pas, et paraissait peu sensible au nom de Staffalo, que je venais de lui donner en récompense de ses services. Mon domestique avait été dirigé de Marmirolo à Goito, avec les équipages de la garde et de l'état-major. Je me trouvais isolé, au milieu d'une cohue compacte; il se faisait tard, je ne connaissais pas les localités, l'obscurité était déjà profonde; je désespérais de pouvoir jamais parvenir à me procurer un gîte et un dîner, lorsqu'enfin j'aperçus trois curés pressés dans une petite carriole, et se frayant un passage à travers le dédale de chariots, de canons, de soldats qui encombraient la rue. Staffallo se sentit alléché par la douce senteur d'une botte de foin attachée derrière la carriole; il avança la tête et se mit à suivre de près ce repas ambulant, je le laissai faire, et bientôt j'entrai en vainqueur dans la cour du presbytère de Villa-Franca. Le curé était venu recevoir ses confrères, accourus pour l'aider dans les soins que devaient réclamer les blessés de la journée. Je profitai d'un moment favorable, et lui demandai l'hospitalité pour mon cheval.

— « Pour votre cheval et pour vous, monsieur, me répondit-il, avec cordialité ; et si, comme je le suppose, un mauvais dîner peut vous tenter, venez avec nous ; vous serez maître de vous restaurer tout à votre aise. »

Ces mots, auxquels je sentis mon estomac acquiescer vivement, éloignèrent à l'instant de moi tout besoin de repos, et, sautant à terre, j'eus bientôt mis à l'écurie Staffalo ; mais au moment où, dans mon égoïsme, j'allais courir vers la cuisine, un petit hennissement me retint sur le seuil de l'écurie. Ingrat ! j'allais négliger la créature qui, depuis quarante-huit heures, me servait avec dévouement, qui, vingt fois dans la journée, avait bondi sous le feu des ennemis, et qui, le lendemain, devait encore me prêter son vaillant concours. Revenant aussitôt sur mes pas, je lui donnai mes premiers soins ; je plaçai devant lui de l'avoine, du foin, de l'orge, et je lui fis même largesse d'un grand verre de vin que le curé, dans son humeur hospitalière, m'envoyait en m'invitant à le rejoiudre.

En entrant dans le salon du curé, mes yeux furent joyeusement surpris par la vue d'une table abondamment servie : du pain, du jambon, de la salade, un rôti de bœuf fumant, des figues, du raisin, et, pour couronner tout cela, une douzaine de bouteilles de vin brillaient à la lueur de quatre chandelles, fréquemment ravivées par la sœur du curé. Quatre ecclésiastiques, deux dames et moi formions les convives.

Jamais souper de carnaval à Paris, servi dans un de ces cabinets pleins de discrétion et de mystères, que font retentir les éclats des plus somptueuses folies, n'aura peut-être un aspect aussi séduisant. On me demanda le récit de la bataille, j'attaquai le jambon; on me parla de mes fatigues, je vidai les bouteilles de vin; on me questionna sur le plan des opérations du lendemain, je me jetai sur le bœuf rôti; enfin, l'on m'offrait le café, lorsque je m'endormis profondément sur ma chaise.

Au bout de quelque temps, je fus réveillé par la brusque entrée d'un officier, commandant l'escorte de quinze cents prisonniers, qui venaient coucher dans l'église, et devaient être dirigés, le lendemain, sur le Piémont. Voyant bien que je ne pourrais plus dormir, grâce au tumulte causé par une si nombreuse visite, j'allai voir ces pauvres diables. Ils mouraient de faim et surtout de soif. On leur apporta bientôt du vin et du pain; il fallut prier les officiers prisonniers de mettre de l'ordre parmi leurs hommes, afin que chacun pût avoir sa part.

Je causai avec plusieurs de ces officiers, et, comme je leur témoignai mon étonnement de les voir souvent inhabiles à se faire comprendre de leurs soldats, l'un d'eux me répondit :

— « Comment voulez-vous qu'il en soit autrement ?

« Voici un Allemand; là, vous voyez un Polonais, plus loin, un Hongrois; celui-ci est un Croate; celui-là un Serbe. Croyez-vous qu'il nous soit donné de parler toutes ces langues? Non, sachez-le bien, l'armée de Radetzki, comme l'armée de Charles-Albert pourrait être fort poétique à décrire dans cent ans d'ici; la nôtre, surtout, présente une marqueterie de langage des plus incommodes pour le commandement. Mon orgueil, il est vrai, peut se trouver flatté de faire l'énumération de cent peuples divers rangés sous la même bannière. Si j'étais le Tasse, j'aimerais à les dénombrer en vers magnifiques; mais, comme général, j'aimerais mieux un seul nom, une seule origine, une seule langue. »

Je trouvai, parmi ces officiers, plusieurs jeunes gens de familles distinguées, et leur sort me paraissait trop à plaindre pour ne pas désirer de leur être agréable.

Malheureusement, je dus me borner à leur procurer du vin, de l'eau-de-vie et du tabac; les événements marchaient trop vite pour permettre de continuer longtemps à s'occuper d'eux.

D'ailleurs, le roi déploya toujours dans cette guerre le caractère le plus chevaleresque, et jamais ni les blessés ennemis, ni les prisonniers que le sort des armes remit entre ses mains n'eurent la plus légère plainte à élever sur le traitement qui leur fut fait.

En quittant les prisonniers, j'allai dans l'écurie et me couchai amicalement auprès de mon cheval. Au bout d'une heure environ, je fus appelé à l'état-major.

Les troupes avaient bivouaqué dans les positions conquises la veille. Le 25, à quatre heures du matin, l'ordre fut envoyé au duc de Gênes de partir à six heures du matin pour se diriger sur Oliosi, et je portai au duc de Savoie l'ordre de se mettre en marche à six heures et demie, et de se diriger sur Sallionzo en suivant la crête des collines qui s'étendent le long du Mincio, tandis que la brigade d'Aoste se porterait sur Valeggio.

On espérait, par ce mouvement, forcer l'ennemi à se retirer sous le canon de Peschiera ; on comptait pouvoir couper le corps qu'il avait lancé de l'autre côté du Mincio, et qui, dans ce cas, eût été contraint de mettre bas les armes. La victoire de la veille portait à croire que, le 25, on ne trouverait devant soi que des troupes démoralisées par la défaite, et l'on ne supposait pas que leur nombre pût dépasser vingt-cinq ou trente mille hommes.

En même temps que ces ordres étaient expédiés aux deux jeunes princes, on envoyait au général de Sonnaz l'ordre d'attaquer vigoureusement sur la rive droite du Mincio, dès qu'il entendrait le combat engagé sur la rive gauche. On fit également occuper Roverbella par le 17e régiment d'infanterie, afin de se garantir contre les sorties de la garnison de Mantoue. A six heures, la brigade d'Aoste commença son mouvement.

La route, de Villa-Franca à Valeggio, se dirige d'abord vers le nord, au milieu de plaines plantées, comme toute cette contrée, de longues lignes de mûriers, espacés les uns des autres de neuf à dix mètres. Les intervalles sont cultivés à la charrue, et des vignes entrelacent leurs ceps d'un arbre à l'autre ; cette culture donne un air de fête à ces champs fertiles, mais rend presque impossibles les manœuvres de la cavalerie, et nécessite l'emploi presque exclusif des tirailleurs. D'un autre côté, un tel pays offre de grands avantages pour effectuer une retraite. Après trois milles environ, la route débouche sur les prairies de Gherla, qui s'étendent, à droite, jusqu'au pied des hauteurs de Custoza. Ces hauteurs sont séparées de celles qui dominent Valeggio par une gorge étroite au fond de laquelle coule le Tione, petit torrent encaissé entre des berges de quatre à cinq pieds d'élévation. En arrivant à ces prairies, la route tourne brusquement à gauche, les suit dans toute leur longueur, puis s'élève, par une pente rapide, jusque vers le tiers des hauteurs de Valeggio. Au haut de cette côte se trouvent les ruines d'une vieille tour appelée Gherla; à cet endroit, la route court directement sur Valeggio, dont on aperçoit dans le lointain le vieux château. Sur la droite, le terrain s'élève graduellement pendant cinq cents mètres, espace cultivé comme la plaine; puis la pente devient de plus en plus rapide jusqu'au sommet de la colline, dont les flancs sont boisés par intervalles dans les parties les plus escarpées.

A gauche, le chemin est bordé par un large fossé, au delà duquel le terrain, cultivé avec soin, se déroule rapidement pendant un demi-kilomètre jusqu'au point où commence tout à fait la plaine.

A huit heures du matin, la colonne arrivait à portée de canon de Valeggio, et quelques coups, partis des ruines du vieux château, nous apprenaient que cette position importante était déjà occupée par l'ennemi.

Je crois que l'on ne s'attendait pas à trouver Valeggio

au pouvoir des Autrichiens, et que ce fut un premier mécompte, car on ignorait que les deux bataillons provisoires, qui, le 23, avaient abandonné Valeggio, mais qui s'y étaient reportés dans la nuit, l'eussent de nouveau évacué dans la matinée du 24.

Le Roi, accompagné du général Bava, se porta aussitôt à la tête de la colonne, et celle-ci se rangea en bataille, étendant son front vers les hauteurs.

Une section d'artillerie fut établie à cent mètres en avant sur la route, d'où elle ouvrit le feu contre les batteries ennemies. Mais les pièces autrichiennes, placées au vieux château sur une plate-forme de l'abord le plus difficile, étaient d'un calibre tellement supérieur, que l'on fut obligé de faire reculer la section d'artillerie et de se contenter de canonner le village. Avant d'attaquer à fond, on résolut d'attendre l'arrivée des princes qui, par leur mouvement sur la gauche des Autrichiens, devaient les décider à se retirer de Valeggio, s'ils ne voulaient pas risquer de se voir envelopper. On continua donc à se canonner de loin et sans résultat. En arrivant auprès de Valeggio, les hauteurs situées à droite de la route offrent un espace aride, d'environ deux à trois cents mètres, qui s'étend depuis le bord d'un bois fourré jusqu'à un champ de blé de Turquie; à partir de cet endroit, la colline s'abaisse rapidement sur Valeggio.

De la place où s'était arrêté le Roi, une route conduit directement au pied de la hauteur, passe auprès d'une cassine, et de là s'élance presque à pic jusqu'à la partie boisée de ces coteaux. Le flanc de la montagne se déroulait à nos yeux comme un panorama, et on distinguait un corps de tirailleurs autrichiens, assis au milieu du champ de maïs. Ils semblaient observer nos mouvements et attendre notre attaque. Plus bas, un général autrichien présidait à l'établissement d'une batterie d'artillerie, et les rayons du soleil, frappant en plein dans cette direction, faisaient briller une masse de baïonnettes. Il y avait dans ces apprêts mutuels, dans la beauté des lieux, dans la grandeur des destinées définitivement engagées en ce jour, quelque chose de grave et d'émouvant.

En voyant l'attitude des Autrichiens, chacun sentait que cette journée serait rude, et que le sort de la campagne allait être décidé.

Sur les huit heures, les officiers envoyés le matin vers les princes rejoignirent le Roi, et lui apprirent que LL. AA. RR. ne pouvaient pas arriver à l'heure prescrite. La raison alléguée par les deux princes était péremptoire : lorsqu'ils reçurent l'ordre de se mettre en marche, les vivres destinés à leurs troupes venaient à peine d'arriver et n'avaient pu encore être distribuées. Les soldats, campés depuis la veille au soir dans les positions qu'ils avaient conquises, avaient passé la nuit sans prendre de nourriture; il était donc indispensable de faire manger la troupe avant de commencer le mouvement ordonné. La mauvaise administration, qui présidait au service des subsistances, avait déjà plusieurs fois été la cause de grandes privations pour les soldats pendant leurs longs bivouacs; mais, dans le moment décisif dont je parle, son incapacité se fit ressentir d'une manière fatale.

Les princes faisaient en même temps annoncer au Roi qu'à sept heures et demie ils commenceraient leur mouvement. On pouvait donc espérer que la colonne du duc de Savoie arriverait vers neuf heures.

Cependant les Autrichiens, ayant terminé toutes leurs dispositions, font avancer de nombreux tirailleurs, qui, s'étendant sur la droite de la ligne de bataille occupée par la brigade d'Aoste, obligent bientôt à faire marcher successivement contre eux plusieurs bataillons. Une vive fusillade s'engage sur ce point, et une batterie autrichienne, ayant ouvert son feu, semble avoir pris pour point de mire le Roi qui, impassible en face du danger, porte toute son attention sur les fluctuations du combat, et tourne incessamment ses regards vers les hauteurs par lesquelles doit arriver la colonne du duc de Savoie (1). Il était dix heures et demie, lorsqu'on aperçut enfin, sur le haut de la colline de Custoza, le jeune prince, à cheval au milieu de sa division, qui marchait précédée d'une compagnie de ber-

---

(1) Le Roi m'ayant demandé ma lorgnette pour mieux examiner le combat, me fit l'honneur de causer longtemps avec moi sous cette pluie de projectiles. Je me trouvai, de la sorte, témoin d'une petite scène qui me divertit beaucoup.

Les dangers auxquels s'exposait si audacieusement le roi inquiétaient vivement sa suite. L'un des officiers de son escorte, en fit la remarque à demi-voix au colonel d'A***. Celui-ci approuva du geste, en levant les épaules, comme s'il eût voulu dire : « C'est si inutile de s'exposer

saglieri. Bientôt un de ses aides de camp arrive au galop près du Roi, et lui apprend qu'au moment de se mettre en marche, le duc de Gênes a été attaqué par des forces imposantes; qu'une forte colonne, sortie de Vérone, a fait, en outre, une diversion sur Somma-Campagna, et que le prince est vivement engagé entre deux feux. De plus, le duc de Savoie faisait prévenir que des forces considérables s'avançaient à sa rencontre avec l'intention évidente de l'attaquer dans la position qu'il occupait présentement à Custoza.

On me charge aussitôt de me rendre près du duc de Savoie pour hâter sa marche et le presser de venir attaquer Valeggio par les hauteurs, en lui recommandant toutefois de laisser des forces suffisantes sur le mamelon de Custoza pour appuyer le duc de Gênes dans son mouvement, ou, tout au moins, pour rester en communication avec lui dans le cas où il serait forcé de se maintenir dans sa position. En arrivant auprès du duc de Savoie, je pus me convaincre de la gravité des circonstances. Du plateau de Custoza on pouvait distinguer facilement les colonnes autrichiennes, qui, de tous les côtés, marchaient vers le théâtre de la bataille, tandis que déjà de fortes colonnes d'infanterie, mas-

---

« ainsi sans nécessité ; » au même instant le Roi, tout en me parlant, tourne la tête de son côté. Je vis le regard royal tomber sur le colonel, dont l'épaule, surprise dans son soubresaut désapprobateur, resta fixée en l'air par le respect, jusqu'à ce que les yeux du Roi se fussent reportés vers un autre objet.

sées sur les revers des hauteurs de Valeggio, se tenaient prêtes à entrer en ligne dès que l'action serait complétement engagée sur ce point. Au lieu de trente mille hommes, c'était plus de quarante mille Autrichiens, qui, depuis Somma-Campagna jusqu'à Valeggio, s'apprêtaient à combattre vingt mille Piémontais.

Le duc de Savoie, ayant laissé la brigade de Cuneo à Custoza, se mit à la tête de la brigade des gardes, et vers midi, il s'engagea dans la partie boisée des hauteurs de Valeggio, d'où il délogea les ennemis. Ceux-ci, débusqués du bois, coururent se réunir au corps de tirailleurs accroupis dans le champ de maïs dont j'ai précédemment parlé. Au même instant, quelques coups de canon se firent entendre dans la direction de Roverbella ; on apprit bientôt que le 17e régiment, laissé sur ce point pour observer la garnison de Mantoue, avait été en effet attaqué par un détachement sorti de cette ville, mais qu'il l'avait facilement repoussé.

Dès que la brigade des gardes chercha à débusquer des bois, les Autrichiens embusqués dans le champ de blé de Turquie se levèrent ; d'autres parurent sur la crête de la montagne ; et un combat des plus chauds s'engagea sur toute la ligne. On entendait le canon résonner depuis Valeggio jusqu'à Somma-Campagna. Le duc de Gênes résistait énergiquement dans la position de Berettara, qu'il avait conquise la veille, malgré le vide causé dans sa ligne de bataille par l'absence de deux bataillons qui, s'étant égarés, se retirèrent sur Villa-Franca ; faute grave et qui s'explique difficilement. Le jeune prince, pressé de tous côtés par des forces supérieures, envoya à Villa-Franca demander des secours; et, en effet, si deux bataillons, avec une demi-batterie d'artillerie, fussent venus prendre l'ennemi en flanc, ils eussent pu opérer une diversion importante. Mais le prince éprouva un refus qu'on motiva sur la nécessité de rester en mesure de défendre énergiquement Villa-Franca au besoin. L'excuse était pour le moins regrettable : car on devait comprendre que la masse des forces autrichiennes étant concentrée sur le champ de bataille, Villa-Franca n'avait rien à craindre, et qu'un millier de Toscans était bien suffisant pour le garder. Sans se décourager par tous ces contre-temps, le duc de Gênes, ne prenant conseil que de son courage, sut inspirer à ses troupes la plus grande énergie, et parvint à se maintenir glorieusement dans sa position jusqu'au moment où, vers le soir, l'ordre lui arriva d'opérer sa retraite.

A Custoza, la brigade de Cuneo se voyait également attaquée par des forces supérieures, et repoussait plusieurs attaques successives de l'ennemi, sans perdre un pouce de terrain ; mais, sur ce point aussi, la force disponible était trop faible pour profiter de ses avantages momentanés, et se trouvait condamnée à une défensive de plus en plus difficile.

A Valeggio, la bataille devenait très-ardente. Les gardes, électrisés par la valeur impétueuse du jeune duc de Savoie, redoublaient d'efforts pour chasser l'ennemi de la crête de la montagne, et parvenaient enfin à s'y établir. Mais, aussitôt, l'ennemi fit avancer de nouvelles troupes qui les délogèrent malgré l'intrépidité de leur résistance (1).

La brigade d'Aoste déployait, au pied des hauteurs, une intrépidité égale, et le Roi, parcourant les lignes au milieu du feu le plus vif, enflammait les soldats d'ardeur, leur enseignant, par sa ferme contenance, ce mépris absolu du danger qui le caractérisait. Le comte Jules Litta, officier d'ordonnance du général Sommariva, envoyé près du Roi pour prendre des ordres, reçut, en le saluant, une balle qui, par un hasard heureux, frappa son manteau mis en sautoir et s'arrêta amortie sans même effleurer les chairs. Le major Giustiniani, officier d'un mérite distingué et connu comme écrivain militaire par sa *Tactique des trois armes*, fut frappé au menton d'un coup de carabine; la balle ne fit qu'effleurer les chairs sans atteindre l'os; mais l'hémorragie le força à se retirer, ce qui priva le général Sommariva de son chef d'état-major.

Le général Bava, prévenu des forces imposantes de l'ennemi et de la position critique du duc de Gênes, ainsi que de celle du duc de Savoie, qui devenait de moment en moment plus périlleuse, conservait encore une espérance.

L'ordre avait été donné au général de Sonnaz, d'attaquer

---

(1) Le jeune comte Louis de Podenas, digne héritier d'une de nos plus nobles familles de France, déploya dans ce combat l'intelligence et la brillante valeur dont il avait déjà donné des preuves nombreuses dans les précédents combats, et spécialement à la sanglante affaire de Santa-Lucia.

Valeggio par la rive droite du Mincio. D'un moment à l'autre, on espérait entendre le canon annoncer son arrivée, et le général Bava attendait cet instant pour lancer ses colonnes contre Valeggio, dont la prise eût amené la victoire, quel que fût, du reste, le sort du combat à l'extrême droite de la ligne. Chacun partageait son espérance, mais les moments devenaient de plus en plus précieux : une chaleur étouffante suffoquait le soldat; de longues files de blessés descendaient des hauteurs, répétant à l'envi le cri de *Vive le Roi!* et, sous Valeggio même, le feu de l'ennemi faisait de grands ravages dans les rangs.

A trois heures, un officier attaché à l'état-major, M. Torelli, brave Milanais, dont le dévouement et le zèle ne connaissaient ni dangers, ni obstacles, arriva au galop; c'était lui qui, le matin, avait porté au général de Sonnaz, l'ordre d'attaquer. Il remit au général Bava un billet du général de Sonnaz annonçant que la lassitude de ses troupes était telle qu'il ne pourrait pas attaquer avant six heures du soir. Le Roi, informé de cette fatale circonstance, résolut d'attendre encore avant de se décider à une retraite difficile et dangereuse. Il espérait que le bruit de la canonnade, en prouvant au général de Sonnaz l'importance de sa diversion, le déciderait à hâter son attaque. Cependant, à trois heures et demie, aucun indice de direction n'étant encore parvenu de ce côté, le Roi qui voyait au contraire les forces autrichiennes se renforcer et presser de plus en plus l'aile droite, jugea que l'heure fatale de la retraite était venue, il m'ordonna donc d'aller appeler le général Bava.

Je trouvai celui-ci auprès d'une cassine située sur la route que terminent les hauteurs.

Ici, la lutte était des plus violentes ; une demi-batterie piémontaise ripostait au feu d'une batterie ennemie; une masse de tirailleurs se trouvait en même temps aux prises avec les Croates; le terrain était jonché de cadavres. La cassine, enflammée par une fusée à la congrève, lançait des flammes dans les airs, tandis qu'une centaine de blessés, couchés sous les arbres, rougissaient la terre de leur sang. Le général Bava, plein de ce calme et de ce courage qui influent si puissamment sur l'esprit des troupes, tenait à s'assurer encore mieux des forces de l'ennemi : aussi me chargea-t-il de répondre au Roi qu'il allait venir, et il se précipita en avant. M. Achille Battaglia fut expédié de nouveau à la recherche du général, l'ayant rejoint, il le suivit, sur toute la ligne des tirailleurs, jusqu'à une maisonnette d'où partit un feu tellement vif, à leur passage, que le général fut contraint de rétrograder.

A quatre heures, il arriva enfin près du Roi, et, après quelques instants d'entretien, la retraite sur Villa-Franca fut décidée.

La position était critique : on se voyait forcé de se retirer non sur Goito, mais sur Villa-Franca, où se trouvaient les équipages des troupes engagées, afin de prêter appui au duc de Gênes, qui, après avoir combattu toute la journée, aurait couru risque d'être entièrement détruit, s'il lui avait fallu exécuter une longue retraite, en présence de l'ennemi sur Goito.

La possession de ce village était pourtant de la dernière importance pour l'armée piémontaise, car c'était le seul passage qui lui restât sur le Mincio. On pouvait donc craindre que l'ennemi, profitant du mouvement de retraite, ne saisît la fortune avec impétuosité, ne dirigeât immédiatement des forces sur Goito, ne parvînt à s'en rendre maître, et n'enfermât ainsi la plus grande partie de l'armée dans un cercle de fer.

Ce fut probablement cette appréhension qui décida à envoyer aussitôt au général de Sonnaz l'ordre de suspendre son mouvement d'attaque sur Borghetto (1). Il fallait au moins une heure et demie pour porter cet ordre; si donc le général se fût déterminé à attaquer entre quatre et cinq heures, on était encore à même de profiter de sa diversion; sinon, son mouvement devenait intempestif, et fatiguait inutilement des troupes dont on pouvait prochainement avoir besoin. On prescrivait en outre, au général de Sonnaz, de se retirer sur Goito avec une partie de ses forces, de laisser l'autre partie à Volta, position des plus importantes, dont la possession conservait à l'armée une attitude menaçante. Néanmoins, comme on ignorait ce qui pouvait s'être passé de l'autre côté du fleuve, on laissait au général de Sonnaz la latitude d'évacuer Volta avec toutes ses forces s'il le jugeait indispensable. L'ordre, écrit au crayon par le colonel Cossato, sous chef d'état-major, sur un

---

(1) Petit hameau faisant partie de la commune de Valeggio, sur la rive droite du Mincio.

feuillet détaché de mon carnet, me fut remis; et le Roi voulut que je me fisse accompagner par quelques hommes de bonne volonté dans cette mission, laquelle pouvait être périlleuse par la rencontre des partis ennemis envoyés en reconnaissance sur les routes que je devais traverser avant d'atteindre un gué sur le Mincio; ce qui arriva en effet. Deux carabiniers s'étant aussitôt offerts, j'enfoncai les éperons dans les flancs de mon brave Staffalo, et nous partîmes ventre à terre, assaillis de loin en loin par le feu des patrouilles autrichiennes que nous rencontrions sur notre passage. L'impétuosité de notre course et la vue de nos pistolets braqués à bras tendus nous ouvrirent le passage dans deux de ces rencontres. Staffalo ne connaissait aucun obstacle, et mes deux carabiniers auraient eu peine à me suivre si je n'avais modéré son ardeur, en les attendant deux fois après avoir traversé des obstacles que leurs chevaux étaient incapables de franchir.

Toutes les dispositions ayant été prises, on commença le mouvement de retraite, et les troupes l'exécutèrent avec la plus grande précision, en disputant pas à pas le terrain à l'ennemi. Le colonel Cossato, sous-chef d'état-major, déploya, dans cette occasion, un sang-froid admirable, aidant puissamment, par son action, au maintien de l'ordre et à la bonne marche des choses. Du reste, les troupes piémontaises firent preuve, dans tout le cours de cette journée, d'un courage remarquable, et si, plus tard, cette armée donna le douloureux spectacle de soldats quittant leur drapeau pendant la retraite vers Milan, on peut dire à son honneur qu'en face de l'ennemi, et durant neuf heures d'une lutte inégale et sanglante, aucun fuyard n'alla porter l'épouvante hors des rangs.

Malgré les attaques incessantes des Autrichiens, les différentes divisions engagées rejoignirent la brigade d'Aoste, près d'Acquaroli, d'où, après quelques instants de repos, l'armée se rendit en bon ordre sous Villa-Franca, où elle passa la nuit.

Le 26, à quatre heures du matin, on évacua cette ville, et, à dix heures, toute l'armée se trouvait à Goito, sur la rive droite du Mincio, après une longue marche de dix milles, pendant laquelle elle avait prêté le flanc à l'ennemi, sans que celui-ci ait osé l'attaquer sérieusement.

Telle fut la bataille de Custoza, dont les conséquences devinrent si désastreuses pour l'Italie.

Cherchons actuellement à résumer, dans un coup d'œil général, les opérations principales qui eurent lieu de part et d'autre.

Au 22 juillet, la ligne de l'armée piémontaise étant étendue outre mesure, le maréchal Radetzki reconnaît le point faible, mais son attaque, conduite avec une prudence extrême, laisse échapper la plus grande partie des résultats qu'elle pouvait lui donner dès l'abord.

Les Piémontais font une résistance obstinée, au lieu de se replier peu à peu sur le Mincio et sur Valeggio, d'où ils eussent pu se maintenir en communication avec le gros de leur armée.

Le 24, les Autrichiens lancent, presque sans obstacle,

un corps sur la rive droite, et, au lieu de culbuter les Piémontais étonnés du succès de cette opération, ils les laissent de nouveau se replier tranquillement. Ceux-ci, au lieu de s'établir à Valeggio, comme ils le pouvaient encore, marchent jusqu'à Volta. Le 23, le roi se porte à Villa-Franca, avec vingt-deux mille hommes ; le 24, il bat les Autrichiens en queue, leur fermant ainsi la retraite sur Vérone ; mais, dans cette manœuvre téméraire, trop de confiance dans la faiblesse numérique de l'ennemi fait négliger d'enlever du blocus de Mantoue des forces devenues inutiles sous les murs de cette place, et l'on se prive ainsi d'un renfort considérable. Au lieu d'envoyer, aussitôt après la victoire de Staffalo, la brigade d'Aoste à Valeggio, point sur lequel on doit pivoter le lendemain, on la ramène sous Villa-Franca. Les Autrichiens s'emparent, dans la nuit du 24 au 25, de Valeggio, qu'ils auraient pu occuper dès le 24 au matin. Ils reçoivent pendant la nuit de nombreux renforts de Vérone, et, le 25, les efforts de vingt-deux mille Piémontais viennent se briser contre une disproportion énorme de forces ; néanmoins, si le général de Sonnaz eût attaqué selon ses instructions, peut-être la victoire était-elle définitivement forcée de rester fidèle à Charles-Albert. Mais ce prince vit ses plans avorter et se trouva alors dans la position la plus critique. Si le maréchal eût marché avec ses réserves sur Goito, le 26 au matin, et eût attaqué l'armée dans sa marche de Villa-Franca à Goito, il eût pu l'anéantir ; mais, par bonheur, il se contenta de quelques charges de cavalerie, et laissa les Piémontais opérer tranquillement leur retraite. En pensant à cette immobilité des Autrichiens, le lendemain de cette grande bataille, on serait presque tenté de croire que leur projet n'était pas, au début de leurs opérations, de marcher directement sur Milan, mais qu'ils voulaient simplement reprendre Peschiera, afin de traiter de la paix plus avantageusement; que leur victoire leur ouvrant des facilités inattendues, ils durent faire venir de Vérone tout ce qui leur était indispensable pour assurer le service de leur armée avant d'être en mesure de poursuivre vigoureusement leurs avantages.

VOLTA.

CHAPITRE ONZIÈME.

VOLTA.

Le 26 juillet, les deux corps d'armée faisaient leur jonction à Goito. La faim, la soif, la chaleur, les combats successifs, les marches continuelles, avaient épuisé les troupes. La retraite, effectuée pour la première fois, avait profondément ébranlé leur moral, malgré l'ordre avec lequel elle s'était opérée.

Je m'étais porté au devant du Roi, pour lui rendre compte du résultat de ma mission. En me voyant, ce prince voulut bien me témoigner sa satisfaction de me voir sain et sauf. Je l'informai de suite de l'entière évacuation de Volta. Le

Roi en témoigna le plus vif regret. Il me pressa de questions sur les motifs qui avaient pu porter le général de Sonnaz, à ne pas laisser quelques bataillons dans cette importante position, je lui rapportai fidèlement ce que m'avait répondu le général de Sonnaz à ce sujet, lorsque je lui en avais fait l'observation au moment du départ de Volta. Le Roi ne dit rien, mais son mécontentement était visible; il fit appeler le général de Sonnaz, lui ordonna de prendre la brigade de Savoie, de se porter sur Volta et de s'en emparer de vive force, dans le cas où ce village serait déjà occupé par l'ennemi.

La journée se passa à établir un peu d'ordre dans les immenses convois agglomérés autour de Goito.

On avait compté y trouver de grands approvisionnements de vivres: mais les agents milanais chargés de la subsistance de l'armée avaient disparu; le commissaire de la consulte lombarde, spécialement investi de la surveillance de ce service, était parti des premiers (1). Un troupeau de bœufs avait été précipitamment envoyé en arrière, à la première nouvelle de la retraite, et les troupes, au bivouac, s'entretenaient sourdement de ces privations continuelles qui les affligeaient de plus en plus.

Le soldat piémontais, qui jusqu'alors avait songé à sa

---

(1) M. Fè, remplissant les fonctions de secrétaire du commissaire de la consulte lombarde, resta fidèle à son poste : mais, n'ayant reçu aucun renseignement ni aucune instruction de son chef, il se trouvait dans l'impossibilité de nous être utile.

famille avec une sorte de mélancolie, mais qui, soutenu par l'orgueil de la victoire, endurait patiemment son mal, commençait à regretter amèrement son pays, et envisageait sans regret la possibilité d'y rentrer bientôt.

Parmi les officiers, le mécontentement était non moins grand, et s'expliquait facilement par le ton injurieux d'une presse hostile à l'armée.

On se répétait un propos infâme, tenu par le directeur d'un journal dont les opinions ralliaient les sympathies d'un grand nombre d'esprits mesquins et sans expérience, auxquels la violence et les «moyens révolutionnaires» semblent être un spécifique assuré pour toutes les calamités d'un État. Après une des batailles précédentes, quelqu'un s'exprimait avec compassion sur la mort de sept jeunes nobles tués dans le combat :

— « Fasse le Ciel, s'écria le tribun, que tous périssent, et que la graine s'en perde! »

Ce propos barbare révèle quelles passions s'agitaient sous le manteau de l'indépendance, et on peut s'imaginer sans peine quels sentiments de colère devaient se faire jour dans l'armée.

La discipline était d'ailleurs très-relâchée. Il est probable que le cœur du Roi répugnait à sévir, pendant ses succès, contre des actes d'indiscipline dont la punition pouvait entraîner le malheur de toute une famille, les soldats étant presque tous mariés. Mais la crainte du rigoureux châtiment militaire ne les dominant plus, il était à craindre qu'au moindre revers on ne fût plus maître de les retenir.

Néanmoins, le 26, rien de pareil ne se manifesta encore.

La brigade de Savoie, arrivée à six heures du soir sous Volta, trouva ce village occupé par les Autrichiens; on commença immédiatement à le canonner. Au bout de quelques instants, le second régiment de Savoie s'élance à l'assaut et gravit la pente rapide qui y conduit, sous une pluie de balles et de mitraille. Un bataillon du 1er régiment, accompagné de quelques compagnies du 16e, pénètre par la route de Goito. Mais ces intrépides Savoyards allaient trouver des ennemis dignes d'eux.

Les soldats autrichiens, électrisés par leurs succès de la veille, défendent avec la plus grande intrépidité la position; et la nuit étant venue jeter un voile sombre sur les combattants, c'est au milieu de l'obscurité, qu'assaillants et défenseurs se joignent à la baïonnette. Bientôt l'incendie vient éclairer de lueurs sinistres cette scène de carnage. Le canon, aidé par cette lumière inattendue, recommence à tonner; des groupes de Croates, réfugiés dans des maisons ou réunis dans les rues, tirent à bout portant sur les Savoyards.

Ceux-ci ne reculent devant aucun danger, livrent l'assaut à chaque maison, et, par une lutte corps à corps, parviennent enfin à rejeter l'ennemi hors du village. Dans cet instant, un officier autrichien s'écrie en français : A moi, Savoie! » Aussitôt les soldats se précipitent dans cette direction; mais ils tombent frappés à bout portant par le feu des Croates embusqués. Leurs camarades arrivent et les vengent en ne faisant aucun quartier. Par une fatale méprise, deux escadrons de cavalerie, laissés au bas de la colline, chargent un bataillon de réserve, le combat s'engage entre les deux troupes, et ce n'est qu'au bout d'un quart d'heure que l'on parvient à se reconnaître de part et d'autre.

Cinq à six cents Impériaux avaient pu se retirer dans l'église, d'où ils entretenaient un feu nourri contre les assaillants.

La situation escarpée du lieu et les fortes murailles de l'église rendaient leur position redoutable pour les vainqueurs, et déjà on faisait avancer du canon pour battre l'église, lorsque, vers deux heures du matin, de nombreuses colonnes autrichiennes se présentèrent à l'entrée du village, du côté de Valeggio, et se préparèrent à livrer l'assaut.

Le général de Sonnaz, voyant qu'il ne pouvait pas résister à cette nouvelle attaque, ordonna la retraite. Ainsi, après sept heures d'un combat acharné, cette brave brigade dut abandonner une conquête si chèrement achetée, et vint camper au pied de la colline. A quatre heures et demie du matin, la brigade de la Reine ayant rejoint le général de Sonnaz, il essaya de nouveau d'emporter la position. Mais, cette fois, les Autrichiens s'y trouvaient en forces tellement supérieures, que la brigade de la Reine fut écrasée, dès sa première attaque, par le feu d'une nombreuse artillerie. Le général de Sonnaz résolut alors de se retirer, et déploya, dans cette manœuvre, beaucoup de sang-froid et de présence d'esprit.

Les régiments de Savoie et de Gênes cavalerie firent repentir plusieurs fois la cavalerie ennemie de s'être aventurée à les poursuivre de trop près. A huit heures du matin, le corps du général Sonnaz se trouva réuni à Cerlungo. En apprenant ses infructueux efforts et le besoin absolu de repos qu'éprouvaient les troupes, le Roi résolut de demander une suspension d'armes au maréchal Radetzki.

On pouvait espérer une réponse favorable, car le maréchal devait ignorer l'état de démoralisation que l'échec des Savoyards et de la brigade de la Reine venait de produire parmi les troupes; et la position de l'armée, désormais concentrée tout entière dans un petit rayon, et possédant encore un passage sur le Mincio, la rendait encore assez menaçante pour avoir droit à des conditions honorables. Les généraux Bes et Rossi, ainsi que le colonel La Marmora, partirent pour le camp autrichien, porteurs de cette proposition.

En attendant leur retour, le Roi passa en revue les troupes, et insista vivement auprès des généraux pour qu'ils eussent à trouver, n'importe à quel prix, les vivres nécessaires, ordonnant qu'on vînt lui rendre compte au plus vite du résultat des recherches ordonnées dans les maisons. Puis, s'étant rendu aux avant-postes, sur la route de Volta, ce prince s'assit à l'ombre d'un arbre pour attendre le retour des parlementaires.

En voyant ce roi, naguère si favorisé par la fortune, appuyé tristement contre un arbre, tandis que ses envoyés allaient demander à ses ennemis une trève de quelques jours; en voyant son expression calme et résignée; en réfléchissant à toutes les brillantes images que le canon du 25 avait dû faire enfuir de sa pensée, je me sentis saisi d'une profonde compassion. Ce visage royal, qui jusqu'alors, m'était apparu plein de calme, mais de confiance dans le succès, me causait alors une impression toute différente. Il me semblait y lire la résignation à de profonds chagrins, et, dans l'éclat passager d'un œil investigateur, je croyais saisir l'interrogation muette qui plongeait sans illusion au fond de l'âme de ceux qui l'entouraient. Pauvre prince! pendant que, dominant ses douleurs, il restait impassible sur ce champ de bataille, témoin naguère de sa plus belle victoire, déjà, sur tous les points de son nouveau royaume, des ennemis implacables insultaient à son malheur, et, démasquant leur haine, faisaient circuler le mot *tradimento* (trahison) dans tous les conciliabules des révolutionnaires italiens.

A quatre heures du soir, les parlementaires revinrent rapportant au Roi les conditions offertes par le maréchal. Elles consistaient dans la retraite de l'armée derrière l'Adda, le rappel des troupes et de la flotte piémontaises de Venise, la reddition de Peschiera, Pizzighettone, Bocca d'Arfo, l'évacuation des duchés et la mise en liberté des prisonniers.

Le Roi ne balança pas à rejeter ces propositions, et, décidé à soutenir de nouveau par les armes les peuples dont il avait pris la défense, il fit appel à leur énergie, à leur patriotisme, à leur désespoir !

Mais, hélas ! tandis que, mettant son espérance dans un soulèvement général, il dirige ses bataillons sur l'Adda, il voit se manifester dans sa propre armée un fatal relâchement de toute discipline.

En tournant le visage vers le Piémont, on dirait qu'un aimant puissant y attire invinciblement les soldats, qui, abandonnant le drapeau, partent par bandes nombreuses pour leur pays natal. L'armée, ainsi décimée, s'achemine vers l'Adda; mais, du moins, chaque régiment conserve l'élite de ses hommes, et oppose une vigoureuse résistance aux attaques de l'ennemi.

Le 30 juillet, nous arrivions, exténués de fatigue, à Crémone, où un combat très-vif d'arrière-garde fut livré dès le matin.

A mesure que le Roi s'avance, il voit s'évanouir l'espoir d'un soulèvement général des populations.

La sympathie des habitants se manifeste, il est vrai, par plus d'empressement à nous aider, et par des cris de: *Vivent les Piémontais !* Mais aucune mesure de résistance ne nous annonce la volonté énergique d'un peuple décidé à défendre son indépendance.

Crémone, la patriotique Crémone elle-même, nous prodiguait ses regrets, mais sans s'armer, sans se défendre; et à peine notre extrême arrière-garde s'était-elle retirée, qu'une députation se rendait au camp autrichien pour haranguer le maréchal au nom de la ville (1).

Enfin, le 1er août, l'armée se trouve au delà de l'Adda. Le Roi a l'intention de s'y défendre, et promet aux députations milanaises envoyées vers lui que, dans tous les cas, il viendra sous Milan tenter un dernier effort, si le sort des armes continue à lui être contraire sur les rives de l'Adda.

M. Abercromby, ministre d'Angleterre, arrive et propose ses bons offices comme médiateur d'un armistice pour traiter de la paix; sa proposition est aussitôt acceptée, et chacun, en le voyant partir, fait des vœux pour la réussite de ses tentatives.

Mais, à peine était-il parti, qu'un nouveau malheur venait détruire toute espérance de se maintenir sur l'Adda.

Le général Sommariva, chargé de défendre le passage de la rivière à Crotta d'Adda, voyant les Autrichiens se préparer à y jeter un pont, et jugeant la conformation topographique du terrain non susceptible de défense, se retire

(1) Le roi avait son quartier général à Codogno, dans une vaste hôtellerie. Le colonel Cosato, en arrivant, se rend à la cuisine, et, s'adressant au chef de cuisine, lui demande à manger. Celui-ci répond qu'il n'a pas le temps de le servir et qu'il n'a rien de prêt. — « Mais « alors pour qui sont tous ces mets que vous faites cuire dans ces cas« serolles? » lui demande le colonel. — « Oh! c'est pour le dîner du « maréchal, qui arrivera peut-être demain » reprend le drôle d'un air dégagé.

On pense bien que cette réponse attira une correction à son auteur, mais elle prouve la frayeur que le nom de Radetzki inspirait à ces populations.

presque sans combat, laissant ainsi les Autrichiens déboucher sans obstacle sur la rive droite. Dès que cette nouvelle fut parvenue au quartier général, on ordonna la retraite vers Lodi.

Je fus chargé de porter l'ordre au général Sommariva de diriger sa retraite sur Plaisance et de s'y mettre sous les ordres du général de Bricherasio.

Après avoir remis cet ordre au général Sommariva, je me rendis à Plaisance, pour y annoncer l'arrivée de cette division. A midi, le général Sommariva fit son entrée dans cette ville. On replia immédiatement le pont de bateaux. J'allai déjeuner à l'auberge pendant que mon cheval mangeait l'avoine, puis, dès qu'il fut prêt, je me disposai à partir. Ce fut alors que j'aperçus la belle Nascio, chanteuse, dont la rare beauté est célèbre en Italie, et qui, dit-on, touche de près, par les liens du sang, à un des membres les plus marquants de l'aristocratie et de la diplomatie anglaises. Je dus probablement aux traces de fatigues imprimées sur mon visage, les marques de bienveillant intérêt que cette belle personne voulut bien me donner. J'aurais voulu lui être de quelque utilité dans la retraite, qu'elle aussi devait effectuer, les événements militaires ayant mis en déroute la troupe d'opéra rassemblée à Plaisance : mais l'impérieux devoir m'imposait de rejoindre au plus tôt le Roi, et je partis, non sans tourner plus d'une fois la tête afin d'apercevoir quelques instants de plus cette brillante apparition.

Le pont de Plaisance ayant été replié, je dus remonter le bord du fleuve pendant près de deux milles, afin de trouver un bac pour me faire porter sur l'autre rive. En côtoyant le fleuve, je voyais des masses de paysans qui, leur curé en tête, s'expatriaient avec femmes et enfants, pour aller chercher, en Piémont, un asile protecteur contre les rigueurs des Autrichiens.

Il y avait quelque chose de déchirant à voir ces familles, les yeux fixés sur la rive lombarde, traverser le fleuve en pleurant, préférant la misère et l'exil, à l'asservissement et à l'esclavage que leur apportaient de nouveau les Croates.

Ce spectacle me fit espérer qu'enfin le sentiment national allait se réveiller. Ayant trouvé une barque, je traversai le fleuve non sans danger pendant un violent orage; il était tard lorsque j'abordai sur la rive lombarde, et je dus m'aventurer sans guide au milieu d'épaisses ténèbres dans la direction de Lodi. Ayant été informé que des patrouilles ennemies se montraient dans différentes directions, je pris en main un de mes pistolets de peur de surprise et m'avançai silencieusement, prêtant l'oreille au moindre bruit; partout, sur ma route, je trouvais des paysans en embuscade qui m'arrêtaient, ne me permettant de poursuivre ma route qu'après s'être assurés que les patrouilles ennemies ne pouvaient pas m'atteindre. Je reconnus par là que nous étions en pays véritablement ami, et grâce à la sympathie de ces braves gens, je pus arriver, dès l'aube du jour, à Lodi, ayant passé plusieurs fois à vingt pas de patrouilles et de sentinelles autrichiennes.

A Lodi, j'appris le retour de M. Abercromby, et l'inutilité de ses efforts auprès du maréchal Radetzki. C'en était

15.

fait : il ne restait plus d'autre espérance pour la Lombardie que dans les chances d'une bataille livrée par les restes de l'armée, sous les murs de Milan. Le 3 août, à dix heures du soir, le roi, n'obéissant qu'à l'impulsion de son âme, partit pour cette ville, décidé à la défendre et à empêcher ainsi la ruine de la magnifique capitale des nouveaux états qui s'étaient donnés à lui.

MILAN.

CHAPITRE DOUZIÈME.

MILAN.

En arrivant à Milan, nous pensions trouver les préparatifs de défense en pleine activité. Les généraux Chiodo et Rossi (1) y avaient été envoyés, deux jours auparavant, afin de s'entendre avec les autorités de la ville au sujet des dispositions nécessaires à sa défense.

Ces généraux n'avaient pu donner une direction nette et précise à la bonne volonté de la population, que neutra-

(1) Le premier, général du génie, le second, général d'artillerie.

lisaient les tiraillements continuels d'une administration provisoire. Ils avaient passé la journée du 2 août à parcourir les environs de la ville. Quelques ouvrages de campagne avaient été décidés d'un commun accord avec le comité de défense milanais; mais ils n'étaient pas encore en voie d'exécution. Aussitôt après l'arrivée du Roi, on s'empressa de les pousser avec activité.

Le Roi se logea à l'hôtel San-Giorgio, situé en dehors de la Porta-Romana, sur la gauche de la route. Le choix de ce logement fit supposer à beaucoup de gens qu'il se méfiait des Milanais; à d'autres, qu'il éprouvait une sorte d'embarras à se présenter, vaincu, à cette population dont il avait voulu assurer l'indépendance. Le choix de cette maison fut bien plutôt dicté par le désir qu'il avait de se trouver toujours placé le plus près possible des avant-postes de l'armée.

La vue des troupes piémontaises rendit quelque confiance aux Milanais. Ils ne pouvaient s'imaginer que les Autrichiens, chassés au mois de mars par leurs seuls efforts, pourraient rentrer dans leur ville, alors que vingt-cinq mille Piémontais venaient grossir le nombre de ses défenseurs. Mais les hommes réfléchis ne se dissimulaient pas la gravité des circonstances : ils appréciaient la générosité de la détermination du Roi, tout en prévoyant son inutilité.

Venir combattre sous Milan était en effet l'acte d'une politique chevaleresque que le caractère tout particulier de la guerre d'indépendance pouvait seul expliquer. Des considérations purement stratégiques eussent imposé de se retirer au delà du Pô ; de concentrer toute l'armée entre Pavie et Plaisance, et de profiter d'une position stratégique aussi forte et aussi menaçante pour traiter d'une paix avantageuse, ou tenir en échec l'armée autrichienne jusqu'à l'arrivée de l'armée française. Mais le roi Charles-Albert voulait, avant tout, préserver Milan des malheurs qu'eût entraînés, pour elle, la rentrée dans ses murs, sans aucune convention préalable, de maîtres irrités par de sanglants affronts. Il sacrifia à ce but tous les résultats acquis par sa politique et par ses armes. Les conséquences en furent désastreuses pour le Piémont ; et il n'est peut-être pas erroné de dire que la retraite sur Plaisance et Pavie eût amené une paix prompte, fructueuse, qui eût coupé court, dès cette époque, aux calamités de l'Italie.

Cette malheureuse inspiration naquit de sentiments trop nobles pour que les Italiens puissent en faire un reproche au roi de Sardaigne. L'état de l'armée devait faire pressentir une faible résistance, et l'exaltation de la population, sa sympathie pour ses défenseurs eussent seules pu donner encore quelque espérance de victoire. Nous comptions trouver la capitale de la Lombardie animée des sentiments les plus bienveillants pour l'armée : cette attente fut trompée. Aucune démonstration de reconnaissance ou d'affection n'accueillit son arrivée; le peuple de Milan semblait traiter les Piémontais comme des mercenaires dont il avait lieu d'être peu satisfait.

Immédiatement après notre arrivée, M. de Reiset, chargé

d'affaires de la République française à Turin, se présenta chez le Roi. Il était arrivé la veille au soir à Milan. Son uniforme le signalait assez à l'attention publique pour que sa présence produisît un grand effet sur la population comme sur l'armée.

Le roi reposait lorsqu'on vint l'avertir de sa présence, il ordonna de l'introduire immédiatement. En le voyant accourir près de lui, il avait pu espérer que le gouvernement français l'envoyait pour régler les conditions de l'entrée de l'armée des Alpes en Piémont : cet espoir s'évanouit promptement. M. de Reiset n'était venu à Milan que pour se tenir plus à portée des événements, afin d'en mieux instruire son gouvernement, et d'être plus à même de faire un prompt usage des instructions qu'il avait demandées en prévision des circonstances actuelles, instructions dont il attendait l'arrivée d'un moment à l'autre. Il voulait aussi être à même de protéger plus efficacement ses compatriotes, que l'absence du consul général de France laissait en ce moment sans direction.

La journée du 3 n'offrit rien d'important.

Les différentes divisions de l'armée se concentrèrent sous la ville, prenant position depuis le pont de Sevese sur la route de Milan à Bergame, jusqu'à Chiesa-Rossa, près du canal de Pavie. Les avant-postes se trouvaient à environ deux milles de la ville, sur les différentes routes aboutissant de la Vénétie à Milan.

La division de réserve bivouaquait à Porta Romana et à Porta Vigentina; la deuxième à Porta Ticinese; la troisième à Porta Nuova et à Porta Orientale; la quatrième à Porta Comasina. La cavalerie s'établit sur les places dans l'intérieur de la ville.

On mit en batterie de l'artillerie sur les différentes routes, et spécialement sur celle de Rome, en face l'auberge San Giorgio.

Les officiers d'artillerie, du génie et de l'état-major s'efforçaient de suppléer, autant que possible, au défaut de préparatifs de défense. Les arbres de la route de Rome furent abattus en grande partie, des tranchées, des parapets furent improvisés; mais on trouvait peu d'empressement chez les habitants. Cependant, vers le soir, le peuple commença à élever des barricades dans l'intérieur de la ville; la journée du lendemain les vit se multiplier avec une ardeur prodigieuse qu'il eût été possible d'employer plus utilement.

Lorsque, le 3 août au matin, nous entrâmes dans Milan, cette ville était parée comme pour une grande fête; mais la plupart des palais, ornés de longues pièces de soie flottantes aux fenêtres, étaient abandonnés de leurs propriétaires. Quelques-uns d'entre eux se trouvaient à l'armée; le plus grand nombre avait déjà pris le chemin de l'exil.

Le peuple avait exigé que les maisons fussent pavoisées; était-ce donc là tout ce qu'il avait à faire?

Nous passions dans la ville, épuisés de fatigue, et pas un sourire, pas une parole d'encouragement ne nous étaient donnés; nos soldats cherchaient en vain cette hospitalité généreuse à laquelle ils avaient tant de droits, et qui, seule, pouvait leur rendre de l'enthousiasme : ils ne trouvaient que froideur, souvent même sourires ironiques à la vue du délabrement de leurs uniformes lacérés par cent trente jours de bivouac et plusieurs combats glorieux.

Le 4 août, vers huit heures du matin, l'ennemi attaqua nos avant-postes.

Bientôt la plus grande partie de ses forces étant concentrée en face de la Porte Romaine, le combat devint sérieux. Favorisé par les rideaux d'arbres encadrant les champs, il apparaissait tantôt sur un point, tantôt sur un autre d'une manière inattendue, et multipliait ses attaques qu'il était presque toujours difficile de repousser en temps opportun. On reconnaissait de plus en plus combien la conformation du terrain était défavorable à la défense. Il était impossible de communiquer d'un point à l'autre, à moins de retourner jusque sous la ville pour y prendre un nouveau chemin ; de là naissait une perte de temps considérable qui ôtait toute concordance aux mouvements. De plus, le général en chef, étant dans l'impossibilité de distinguer ce qui se passait autour de lui, ne pouvait apprécier l'ensemble de la bataille que par le bruit plus ou moins vif, plus ou moins rapproché, des feux de l'artillerie et de l'infanterie.

Le Roi se portait tour à tour sur les points les plus menacés, cherchant par son exemple à soutenir le courage de ses troupes.

Pauvre Roi! en vous voyant parcourir ce champ de

bataille sous le feu de l'ennemi, qui eût dit que de lâches détracteurs oseraient insulter à votre valeur? Non, tous ceux qui eurent l'honneur de vous approcher, tous ceux que le devoir et le dévouement attachaient à vos pas, rendront toujours témoignage de votre mépris du danger; et la mort de tant de braves gens tués à vos côtés est là pour répondre aux boulets de tôle inventés par ces furieux démagogues que nous nous ne vîmes jamais sur le champ de bataille.

Les brigades d'Acqui et de Casale, placées en première ligne, soutinrent longtemps seules les efforts de l'ennemi. Vers deux heures, les Autrichiens étant parvenus à nous enlever cinq canons sur la route de Rome, le combat se rapprocha de la ville. Dès cet instant, la brigade des gardes et les braves Savoyards entrèrent en ligne. Le Roi revint alors à la Porte Romaine, contre laquelle l'ennemi concentrait tous ses efforts. Charles-Albert conservait ce calme inaltérable qui le caractérisait; seulement son regard, ordinairement doux et rêveur, avait quelque chose de fixe et de résigné. Les boulets autrichiens, enfilant la route en ligne droite, venaient, à chaque instant, frapper autour de lui. Trois chevaux de son escorte furent successivement tués. Le colonel Brianski, vétéran des guerres napoléoniennes, rendait compte au Roi des progrès de l'ennemi, lorsqu'un boulet, fracassant la croupe de son cheval, le culbuta rudement à terre. Le brave capitaine Avogadro, commandant la batterie derrière laquelle nous nous trouvions à la suite du Roi, avait la tête emportée, et ses artilleurs continuaient leur feu avec impassibilité, les yeux pleins de larmes à la vue de leur chef gisant sans vie sous les roues de leurs canons. Les dangers auxquels le Roi persistait à s'exposer malgré les plus vives instances rendaient évident pour tous qu'il recherchait la mort (1).

Vers trois heures, l'ennemi gagnant de plus en plus du terrain, on put craindre que la lutte ne s'établît à la porte même de la ville et que les troupes, acculées sous les murs, ne pussent effectuer leur retraite sur les remparts sans éprouver des pertes considérables. Pensant qu'un répit de quelques heures pouvait être d'un précieux secours, je m'approchai du Roi et je pris la liberté de lui dire que le chargé d'affaires de France m'avait manifesté l'intention

---

(1) Le général Robillant, confiant dans les bontés du Roi, se hasarda à lui démontrer que sa présence sur ce point n'était pas nécessaire, l'engageant à se porter sur la droite ou sur la gauche, afin d'être plus à couvert du feu de l'ennemi.

Le Roi lui répondit d'un air sévère :

« Il me semble que la situation est assez grave pour qu'on s'abstienne « de me donner des conseils, et si je reste ici, je sais ce que je fais. »

M. de Robillant croyant voir un reproche dans cette réponse, et craignant que son avis eût été mal interprété, salua sans mot dire ; puis, mettant son cheval au petit galop, s'avança fièrement sur la route vers la batterie ennemie. Au bout d'un quart d'heure, nous le vîmes revenir au pas et rendre compte au Roi de la position de l'ennemi, dont il s'était approché à portée de pistolet. A son retour, je ne pus m'empêcher de le complimenter de cette protestation silencieuse, digne d'un de ces brillants seigneurs du temps de Louis XIV, et qui peut donner une idée juste du caractère des hommes de cette camarilla si déchirée par l'esprit de parti.

de se rendre au camp autrichien, dans le cas où les progrès de l'ennemi pourraient faire craindre un bombardement, afin d'obtenir du maréchal Radetzki une suspension d'armes de quelques heures, pour faire sortir de la ville ses compatriotes.

Le Roi hésitait; je lui fis remarquer qu'une pareille démarche, de la part de l'envoyé de France et des autres agents consulaires étrangers, ne pouvait qu'être avantageuse en permettant de faire occuper aux troupes de nouvelles positions, et d'arrêter un nouveau plan de défense plus approprié aux localités et à la situation présente des choses.

Ces observations semblèrent frapper le Roi qui me chargea d'aller chercher M. de Reiset. A peine étais-je parti qu'une pluie diluvienne vint interrompre forcément le combat et remplir en partie le but que je m'étais proposé.

Vers quatre heures du soir, je revins avec le chargé d'affaires de France. La pluie venait de cesser et le combat se ranimait sur toute la ligne. M. de Reiset s'approcha du Roi, le chapeau à la main, et lui exprima le désir d'aller au camp autrichien. Le Roi l'accueillit gracieusement et quelques boulets ayant sifflé en cet instant au-dessus d'eux, il lui dit avec affabilité, en lui tendant la main :

« J'aime à voir des Français au feu ; ils y font toujours bonne figure (1). »

---

(1) Non-seulement M. de Reiset déploya, au milieu de ces circonstances difficiles, le courage le plus chevaleresque, mais il fit preuve

Il se plut alors à lui faire remarquer que les Autrichiens tiraient un peu haut, ce que sembla pourtant démentir un malheureux cheval qui, frappé au même instant par un boulet, éclaboussa de son sang le pantalon de notre Repré-

---

dans toute sa conduite, d'une grande prudence et d'un dévouement sans borne pour ses compatriotes. Il sut protéger et servir une foule d'individus auxquels il ouvrit généreusement sa bourse. Installé dans le consulat de France, il dut, pendant près de trois jours, subvenir aux besoins de plus de trois cents personnes, parmi lesquelles se trouvaient beaucoup de femmes et d'enfants. Malgré tant de soucis, il sut encore faire usage de toute l'influence de son caractère officiel pour calmer l'effervescence publique, lorsque éclata l'insurrection, et exposa bravement sa personne pour pénétrer, à plusieurs reprises, auprès du Roi. Je dus à son amitié d'avoir été de quelque utilité aux Français réunis à cette époque à Milan, ce qui adoucit pour moi le chagrin que me faisaient éprouver les scènes lugubres au milieu desquelles nous nous débattions.

Comme le comique ne manque jamais de se joindre par quelque endroit aux événements les plus graves, il arriva que le consulat de France fut le théâtre d'une petite scène d'effroi à laquelle succéda bientôt un rire général. La populace tirait de temps à autre des coups de fusil dans les rues; tout à coup des cris déchirants se font entendre dans les appartements particuliers du consul : la panique est générale, tout le monde se précipite dans l'escalier pour gagner les caves. Je venais, au même instant, rendre compte à M. de Reiset, des périls que courait le Roi, assiégé dans le palais Greppi. Je n'eus pas de peine à rassurer cette foule. Comme les cris continuaient sans interruption, nous montâmes précipitamment pour en avoir l'explication : j'ouvre la porte, et j'aperçois M. de Reiset, en grand uniforme, tenant dans ses bras un petit enfant nouveau-né, tout nu, tandis que cinq ou six dames prodiguaient leurs soins à une pauvre femme que les violentes émotions de ces dernières heures avaient fait accoucher avant l'époque voulue par la nature. On peut juger si notre hilarité fut grande.

sentant. Après une conversation d'environ une demi-heure, M. de Reiset se retira pour aller chercher le consul d'Angleterre. Le Roi me dit de l'accompagner dans cette recherche et de ramener ces deux messieurs.

Pendant ce temps les troupes s'établissaient sur les murs de la ville. On laissa toutefois en dehors des portes quelques pièces d'artillerie en batterie, avec leurs soutiens respectifs. Vers cinq heures le Roi rentra au palais Greppi désigné pour sa demeure. Il s'y rendit par les boulevards intérieurs dont il fit le tour pour se rendre compte des nouvelles mesures à prendre, ainsi que des dispositions plus ou moins belliqueuses de la population.

En revenant à la Porte Romaine avec M. de Reiset et M. Campbell, consul général d'Angleterre, nous trouvâmes le Roi parti. Nous suivîmes ses traces le long des remparts. Nous passâmes près d'une pièce qu'on venait de mettre en batterie, et que les canonniers étaient en train de charger. A droite et à gauche de cette pièce, une soixantaine de bourgeois, armés jusqu'aux dents, genou en terre et la carabine inclinée sur le parapet, semblaient disposés à faire un feu meurtrier. Je leur fis compliment sur leur ardeur, les engageant à tirer sans précipitation et à attendre l'ennemi à courte portée; puis m'étant approché de la pièce, j'en vérifiai le pointage. Le coup partit, et je fus tout surpris de voir mes soixante héros tomber à la renverse au bruit de cette détonation, à laquelle leurs oreilles étaient peu habituées.

Je ne pus m'empêcher de rire; mais je dois ajouter que

ces bons bourgeois rirent eux-mêmes de leur émotion, et se replacèrent aussitôt à leur poste, d'où bientôt ils échangèrent quelques coups de feu avec les tirailleurs ennemis.

Voyant qu'il nous serait impossible de rejoindre le Roi, mes deux compagnons se décidèrent à rentrer chez eux, me priant de les faire appeler aussitôt qu'on le jugerait convenable.

Pour moi, je me rendis directement au palais Greppi. Le Roi venait de descendre de cheval lorsque j'y arrivai. Il me fit appeler, me dit de m'asseoir et m'entretint, pendant près d'une demi-heure, de sa position. Il croyait encore à la possibilité d'une intervention française, mais reconnaissait qu'elle ne pourrait avoir lieu en temps utile pour sauver Milan, du moment que le chargé d'affaires de France n'avait pas été muni d'avance des pouvoirs nécessaires pour faire franchir les Alpes à l'armée française, ou, tout au moins, pour faire une déclaration énergique des intentions belliqueuses de son gouvernement. Il ne dissimula pas non plus la douloureuse surprise qu'il avait éprouvée en voyant le peu d'enthousiasme de la population.

— « La situation me paraît sans ressource, ajouta-t-il, mais s'il y en avait une, ce serait dans le désespoir même de la population qu'on aurait pu la trouver, et vous avez vu par vous-même quel secours elle nous a prêté aujourd'hui ! »

Je me permis de l'engager à faire appel à la population

et à ne désespérer qu'après s'être assuré que sa voix était impuissante pour la tirer de son apathie.

— « Et quelle voix pourrait être plus puissante que celle du canon qui ébranle leurs murailles! » me répondit-il en se levant. « Je vais réunir un conseil de guerre, là je me ferai rendre de nouveau un compte exact de nos ressources, et nous verrons. Attendez qu'il soit terminé, j'aurai des ordres à vous donner. »

Tandis que le conseil de guerre était en séance, nous apprîmes avec étonnement, par nos compagnons milanais, que la garde bourgeoise, placée au palais du Roi, était composée des républicains les plus ardents de la ville. Cette particularité nous parut d'autant plus grave que le Roi, voulant témoigner son entière confiance dans la population milanaise, avait donné l'ordre de faire retirer toute son escorte.

Le général Scati, peu tranquillisé sur la sûreté du Roi, prit sur lui de garder vingt carabiniers dans l'intérieur du palais. On verra que l'utilité de cette précaution ne fut que trop justifiée par les événements.

Tous les membres du comité de défense de la ville, ceux de la consulte lombarde et les chefs de corps avaient été appelés au conseil de guerre. Là de cruelles vérités furent divulguées. Les nombreux approvisionnements, les amas de munitions, d'armes, d'argent, dont on nous parlait sans cesse, n'existaient qu'en songe. La ville n'avait de munitions que pour deux jours ; les vivres ne pouvaient être fournis que par les campagnes, déjà parcourues par la cavalerie ennemie. Pour comble de malheur, le grand parc d'artillerie de l'armée avait été coupé et avait dû se diriger sur Plaisance.

En face d'une pareille situation, il parut nécessaire, pour sauver la ville et l'armée, de se résoudre à capituler.

Les généraux Lazzari et Rossi furent chargés de se rendre à cet effet auprès du maréchal Radetzki; on fit prévenir le chargé d'affaires de France et le consul d'Angleterre, qui s'étaient offerts pour accompagner les parlementaires et pour convenir avec le maréchal d'un armistice de quelques heures qui assurât la libre sortie des étrangers avant un assaut, au cas où on refuserait toute proposition honorable.

Je fus désigné pour escorter les négociateurs.

Nous sortîmes à cheval sur les neuf heures du soir par la Porte Romaine. Les avant-postes échangeaient encore des coups de fusil, malgré l'obscurité.

Je marchais en avant un mouchoir blanc au bout de mon sabre, ayant à ma droite un trompette, et à ma gauche un artilleur tenant une torche élevée en l'air de manière à éclairer le drapeau de parlementaire.

Les généraux Rossi et Lazzari me suivaient de quelques pas en arrière; puis venaient MM. de Reiset et Campbell. A peine sortions-nous de la ville, que ce dernier reçut sur le bras une balle morte qui lui fit une forte contusion.

Tout en avançant avec difficulté sur une route encombrée d'arbres abattus et de débris de toute espèce, le trompette sonnait en parlementaire; la fusillade n'en continuait pas moins. La torche m'éclairant en plein le visage, je devins le point de mire des tirailleurs ennemis, ce que je compris en entendant siffler les balles autour de moi presque sans interruption. Au bout de quelques minutes, le feu devint si vif, et les balles sifflèrent tellement aux oreilles des chevaux, qu'il fallut avoir recours aux éperons pour les forcer à avancer. Le trompette, à force de sonner, avait perdu haleine : je pris son instrument et continuai à sonner à sa place pendant quelques instants.

Après avoir fait encore quelques pas, le feu cessa; une trentaine de Croates, précédés d'un officier, se jetèrent la baïonnette croisée à la tête de nos chevaux.

Les parlementaires ayant fait reconnaître leur caractère, on s'excusa de n'avoir pas cessé le feu plus tôt, en nous disant que le coup de trompette parlementaire dont nous avions fait usage se trouvait être le même dont se servait la cavalerie hongroise dans ses charges, ce qui avait fait croire que nous avancions dans un but hostile.

On nous conduisit à une cassine située à trois cents pas en arrière. Nous y trouvâmes le général d'Aspre; il nous fit bander les yeux, et chargea le major Aspaz de nous conduire auprès du maréchal. Ne pouvant faire usage de nos yeux, des cavaliers furent chargés de conduire nos chevaux par la bride. On avait laissé aux diplomates le libre exercice de leurs prunelles.

Arrivés à San-Donato, vieille abbaye, où le marécha avait établi son quartier général, on mit pied à terre. Le général Hess, chef d'état-major de l'armée autrichienne, introduisit immédiatement les parlementaires chez le maréchal. MM. de Reiset et Campbell déclarèrent qu'ils n'étaient venus que pour convenir d'un armistice, en cas de non-acceptation des propositions du Roi, et restèrent ainsi que moi dans une vaste pièce, ancien réfectoire de l'abbaye.

Cette longue salle, mal éclairée, avait un aspect sombre et solennel qui ne s'alliait que trop aux pensées dont j'étais assailli, en sachant que dans la chambre à côté se décidait le sort d'une armée, d'une ville et même d'une nation toute entière.

La lampe fumeuse, suspendue au-dessous d'une image de la Vierge, répandait une lumière incertaine et jetait des ombres pittoresques sur les uniformes variés d'une dizaine d'officiers couchés çà et là sur la paille.

Le tocsin, sonnant sans intervalle dans tous les clochers de Milan, envoyait ses lointains échos de douleur et d'angoisse. Une femme et son vieux père, seuls êtres qui n'eussent pas abandonné ces lieux à l'approche de l'armée ennemie, n'interrompaient de silencieuses prières que pour s'efforcer de rallumer des tisons à demi éteints. Le major Aspaz, touché des soins craintifs de cette pauvre femme, lui donna généreusement une tasse de café qu'on venait de lui servir. Celle-ci l'accepta silencieusement, et comme étonnée de la générosité d'un chef croate.

Les officiers d'ordonnance du maréchal se montrèrent fort polis. Tout en causant avec eux, j'aperçus sous leurs pieds un petit drapeau piémontais, tel que ceux dont chaque maison était parée à l'intérieur depuis le commencement de la guerre : ne voulant pas qu'il fût dit qu'on eût insulté en ma présence à cet emblème, je m'empressai de le ramasser et de le serrer avec soin.

Vers quatre heures du matin, le général Hess vint engager MM. de Reiset et Campbell à entrer chez le maréchal. Celui-ci leur dit aussitôt :

« Messieurs, je viens de signer une capitulation de la ville de Milan, vos compatriotes n'ont donc rien à craindre, mes troupes sauraient au besoin les protéger contre toute insulte. »

Il offrit alors à ces messieurs de leur faire part des clauses de la capitulation, ce qu'ils refusèrent, en déclarant qu'ils voulaient rester étrangers à cet acte.

J'avais espéré apercevoir le maréchal Radetzki, mais, à mon très-vif regret, je ne pus satisfaire ma curiosité. Le général Hess, dont les rares talents se révélèrent avec éclat pendant cette guerre, est d'une taille médiocre; sa tête n'a rien de frappant, si ce n'est l'élévation du front. Ses cheveux sont roux et coupés très-ras. Son son de voix est peu agréable; il m'a même fait l'effet de parler fortement du nez, ce qui me rappela aussitôt le maréchal Berthier, avec lequel d'ailleurs ses talents comme chef d'état-major lui donnent un point de ressemblance plus flatteur et tout aussi frappant.

Nous rentrâmes à Milan le 5 août à six heures du matin; nous pûmes nous convaincre sur notre route de la force imposante de l'ennemi, comme aussi des pertes que la bataille de la ville lui avait fait éprouver, par les nombreux cadavres encore étendus sur les bas côtés de la route.

La ratification de la capitulation devait être donnée a quatre heures de l'après-midi. Par cette capitulation, le maréchal s'était engagé non-seulement à épargner la ville, mais encore à la traiter favorablement.

Douze heures étaient données pour sortir de Milan à tous ceux qui voudraient s'expatrier.

Quant à l'armée piémontaise, elle devait se retirer en deux marches sur le Tessin, les armées belligérantes devant se tenir séparées d'une journée de marche l'une de l'autre. La Porte Romaine devait être remise aux troupes autrichiennes le 6 août à huit heures du matin; et en outre, deux jours étaient donnés pour évacuer de la ville les malades et les bagages.

Tout homme impartial, en réfléchissant d'une part à la situation de l'armée piémontaise, isolée de sa base d'opération, séparée de son parc d'artillerie, réduite à vingt-cinq mille hommes, d'autre part, à celle de cette grande ville dépourvue de tout approvisionnement, jugera que cette douloureuse capitulation était indispensable; qu'une plus longue résistance n'eût été qu'un retard apporté à une conclusion désormais trop certaine; retard qui pouvait entraîner, sans offrir aucune chance de salut, la ruine totale de l'armée piémontaise, le bombardement et peut-être le sac de la ville de Milan.

On devait donc s'attendre à voir les Milanais accepter cette capitulation avec douleur sans doute, mais aussi avec résignation.

Cependant, à peine la nouvelle s'en fut-elle répandue,

que la ville entière sembla se réveiller de sa léthargie. Une véritable tempête s'éleva de toutes parts : les hommes, les femmes insultaient aux Piémontais ; tous se croyaient abandonnés à la merci des vainqueurs, et la population tout entière, excitée par des bruits de trahison, semés par les agents du parti républicain, poussait des cris de vengeance.

Nous qui avions été frappés, la veille, du morne aspect des remparts inoccupés, nous voyions sortir de leurs maisons des milliers d'habitants qui nous entouraient, nous menaçaient, sans vouloir nous entendre. Bientôt toute cette foule se rua vers le palais occupé par le Roi. Les voitures de la cour, maladroitement mises en marche avant que le texte de la capitulation fût connu, furent renversées et servirent à élever des barricades autour du palais Greppi, après avoir été pillées par une tourbe de malfaiteurs.

On s'empressa de faire placarder à tous les coins de rues le texte de la capitulation, ce qui fit rentrer aussitôt un grand nombre d'habitants dans le calme ; mais les républicains grossis de la lie de la populace n'en continuèrent pas moins à assiéger le palais.

Bientôt des députations montèrent chez le Roi. Celui-ci, plein de calme et de dignité, leur expliquait tour à tour les raisons qui l'avaient décidé à capituler. Les délégués s'en retournaient émus et persuadés, mais ne pouvaient rien sur des masses évidemment ameutées par les chefs d'une secte ennemie.

Au milieu de cette effervescence, une poudrière, située

non loin du palais Greppi, fit explosion et devint le signal d'une recrudescence de fureur. Quatre hommes trouvés les premiers sur le lieu du sinistre sont massacrés, le peuple se rue de nouveau sur le palais Greppi. Un énergumène pénètre jusqu'au Roi, se jette à ses pieds en pleurant, et en criant de manière à être entendu dans la cour par ses complices :

« Majesté, ma femme, mes enfants, ma patrie, vont donc être massacrés par les Autrichiens! Ah! Majesté, faites appel à ce peuple, qui ne demande qu'à mourir, en vous suivant au combat. »

Deux républicains, dont un appelé Oldini, s'avancent alors en criant : « Citoyen Charles-Albert, livrez vous au peuple ! »

Le Roi se retourne vers eux, et avec un air plein de dignité, leur dit :

— « Vous voulez que je reste, Messieurs? le peuple le demande? Eh bien ! je resterai, mais à une condition : c'est que vous vous battrez ! »

— « Cent mille poitrines italiennes feront rempart à la liberté de l'Italie ! ! ! »

— « Assez de phrases, Messieurs, vous vous battrez ! »

Aussitôt ces chefs du mouvement descendent les degrés et annoncent la résolution du Roi. M. Oldini parle ainsi à la foule :

— « Citoyens, Charles-Albert vient de promettre de rester et de combattre; mais cela ne suffit pas : il faut le garder pour l'empêcher de s'enfuir au milieu de ses troupes.

« Nous allons choisir un certain nombre d'entre nous qui resteront au palais, et c'est moi qui les commanderai. »

— « Bravo ! Oldini ! répond la foule. Vive Oldini ! à moi un baiser, Oldini ! à moi ! »

Et le brave Oldini passe de main en main, recevant force baisers (1).

Pendant cette touchante pastorale révolutionnaire, la foule s'oppose à la sortie des officiers chargés d'aller porter le refus de ratification du Roi. On nous refoule violemment dans le palais, des coups de fusil retentissent sous les voûtes. Les carabiniers, sur l'ordre du général Scati, chassent cette plèbe hors de la porte et la ferment aussitôt.

Sur tous les points de la ville on arrêtait les officiers isolés de leurs troupes. Le colonel du génie, M. Alberti, saisi par la populace, se vit menacé de mort s'il ne donnait pas à l'armée l'ordre de recommencer les hostilités ; il ne se tira de ce mauvais pas qu'à force d'esprit et de sang-froid.

Cependant le bruit s'étant répandu dans la ville que le Roi ne ratifierait pas la capitulation, la majorité des habitants, effrayée avec raison des conséquences d'une telle décision, résolut d'envoyer une députation au maréchal Radetzki, afin d'obtenir un nouveau délai et le maintien de la capitulation. L'archevêque de Milan, le podestat et deux de ses assesseurs acceptèrent cette mission, de-

---

(1) On m'a assuré que le signor Oldini fait partie de la police autrichienne depuis le retour des Autrichiens à Milan.

mandèrent au Roi d'approuver leur démarche, et, s'étant rendus au quartier général autrichien, y firent agréer leurs demandes.

Les troupes, apprenant les dangers que courait le roi, répondirent aux provocations populaires qui voulaient les forcer à attaquer les Autrichiens, en tournant leurs canons contre la ville et en déclarant qu'elles n'attaqueraient l'ennemi que lorsqu'elles verraient le Roi à leur tête. Le général Bava avait pu sortir du palais dès le commencement de ce conflit; sa sortie avait été protégée par d'honnêtes Milanais dirigés par le jeune marquis Castiglione, dont le courage s'était déjà signalé la veille dans le combat hors des murs.

Il avait envoyé l'ordre aux princes de ne point quitter leurs divisions, mais monseigneur le duc de Gênes, ne pouvant résister à son inquiétude, arriva vers cinq heures au palais Greppi. Le peuple l'y laissa pénétrer; il se présenta aussitôt au balcon accompagné de plusieurs officiers. La foule fit silence. Le prince parla avec dignité, offrant généreusement de rester de sa personne à Milan comme ôtage pour la sécurité de la ville.

Il y avait tant de noblesse dans ses paroles et dans son accent, que cette masse de gens ne put résister à une émotion involontaire, et que sa voix fut couverte d'applaudissements; mais les meneurs, un instant déconcertés, reprirent bientôt courage, et de grossières interpellations ne tardèrent pas à s'élever du sein de la foule.

Le duc de Gênes, s'apercevant que chacune de ses réponses était suivie d'une interpellation plus vive, se retira du balcon. Cependant ses paroles n'avaient pas été sans effet, et un bon nombre de personnes, calmées par son noble langage, s'étaient retirées. Dès qu'il eut quitté le balcon, les vociférations redoublèrent et furent entremêlées de coups de fusil dirigés contre les fenêtres du palais Greppi. Comme le grand argument, proféré à chaque instant par cette foule, était tiré de l'arrivée immédiate de l'armée des Alpes, dont on prétendait que l'avant-garde avait déjà passé le Tessin, je voulus essayer de désabuser ceux qui ne répétaient cette assertion que par erreur. Je m'avançai donc sur le balcon, j'obtins silence, je m'attachai à démontrer que l'armée des Alpes, eût-elle reçu l'ordre de franchir la frontière, ne pouvait pas arriver avant huit jours; que la capitulation avait donc été nécessaire, vu l'impossibilité de résister assez long-temps; qu'on avait eu soin de garantir la ville et les habitants contre tout péril, et je terminai par engager les bons citoyens à se retirer tranquillement et à ne pas participer à un tumulte tendant à provoquer des scènes dont ils éprouveraient par la suite les plus grands regrets. Ce peu de paroles fit quelque effet, mais bientôt la fusillade recommença et fut continuée sans interruption par un groupe de malveillants obstinés.

Plus tard M. Birigozzi, Milanais, s'avança courageusement sur le balcon pour tenter un dernier effort; ses paroles demeurèrent également impuissantes.

Au milieu de ces tristes épisodes, on est heureux de pouvoir citer un beau trait de courage.

Le nommé Orengo, brave bersagliere, malade à l'hôpital, ayant appris les dangers du Roi, se lève, court au palais, fend la foule, pénètre jusqu'à la porte, et, la trouvant fermée, saute sur une borne d'où il répond aux menaces de mort proférées par la populace, en criant avec enthousiasme : *Viva il Re!*

Pendant tout le temps de cette sédition, le Roi, retiré dans une des chambres du palais, attendait avec calme la fin de ce drame. Nous cherchions partout une issue afin d'aller appeler des troupes; mais, par une singulière fatalité, le palais Greppi n'avait pour toute issue que la porte cochère assiégée par la multitude. Le jardin de l'hôtel était entouré de maisons sur trois de ses faces, la quatrième était close par un mur très-élevé, qu'on ne pouvait franchir qu'à l'aide d'une échelle.

Le marquis Scati, étant entré dans ce jardin, surprit les huit ou dix individus préposés, par le parti républicain, à la garde du royal prisonnier, occupés à placer une échelle contre la fenêtre de la chambre du Roi. La présence de ces hommes, qu'on avait prudemment chassés de la cour, rappela des ennemis intérieurs qu'on avait oubliés au milieu des séditions de la rue. On les fit aussitôt renfermer dans une salle du rez-de-chaussée, et des carabiniers durent les garder à vue. MM. Alphonse de La Marmora et Torelli se servirent de l'échelle pour franchir le mur du jardin et coururent aux remparts, d'où bientôt ils revinrent ramenant, au pas de course, une compagnie de bersaglieri et une compagnie de la garde. Il était temps. Les émeutiers, furieux de ne pouvoir parvenir à incendier la porte, apportaient un baril de poudre pour la faire sauter. La vue de la troupe fit fuir ces lâches coquins dans toutes les directions. On ne put en arrêter que trois.

Le Roi descendit immédiatement et partit à pied. Il se rendit au milieu de ses troupes, fit une courte halte chez le général Bava, auquel il donna ses derniers ordres, puis sortit de la ville. L'armée commença immédiatement son mouvement de retraite, et tandis qu'à leur passage les Autrichiens complimentaient les soldats sur leur courage, des coups de feu, partis de la ville, venaient les frapper lâchement par derrière !

Les faubourgs incendiés éclairèrent, de leurs sinistres lueurs, cette dernière nuit passée à Milan. La vue de cet inutile désastre nous attrista d'autant plus, qu'on l'attribuait à des ordres donnés en vue de la défense de la ville. De tels ordres ne furent jamais donnés par les autorités militaires piémontaises. Cette calomnie, ajoutée aux scènes déplorables de la journée, vint jeter un voile plus sombre encore sur cette dernière journée de la campagne. On sentait que la démagogie républicaine venait d'entrer en scène, et la hideuse insurrection de Milan, en détruisant bien des sympathies pour la cause lombarde, révéla les nouvelles convulsions dont l'Italie allait être désormais la proie.

L'ARMISTICE.

CHAPITRE TREIZIÈME.

L'ARMISTICE.

Le Roi revint à cheval dans ses États héréditaires.

Les flammes qui dévoraient, à son départ, le faubourg de Milan; les longues files de troupes, d'artillerie, de chariots, de voitures chargées de femmes et d'enfants, qui se pressaient pêle-mêle, sur la route du Tessin, offraient à ses yeux un spectacle lugubre, ne rappelant que trop à l'esprit les lamentables épisodes des guerres d'Attila.

Pendant qu'une partie de la population milanaise se précipitait vers le Piémont, à la suite de l'armée, une foule d'individus, plus ou moins compromis dans la cause italienne, traversaient le lac Majeur et allaient chercher, sur

17.

le territoire helvétique, un abri contre les vengeances de l'Autriche.

En général, on pouvait reconnaître les opinions politiques des réfugiés par le choix qu'ils faisaient de l'un ou de l'autre de ces asiles.

Tandis que vers la Suisse (1) affluaient plus particulièrement ceux que les maximes républicaines avaient séduits, ou que les revers des Piémontais avaient aliénés à la cause de Charles-Albert; les partisans de la fusion, les chefs de la consulte lombarde, ainsi que la majeure partie de ceux qui avaient combattu contre les Autrichiens, s'acheminaient vers le Piémont.

L'armée sarde rentrait dans sa patrie, vivement impressionnée des derniers épisodes de la guerre. A l'indignation que lui faisait éprouver l'ingratitude des Milanais envers elle venait se mêler le sentiment d'une pitié généreuse, inspirée par le triste spectacle de la grande infortune dont elle n'avait pu les préserver. Fière à juste titre de la gloire qu'elle s'était acquise en Lombardie, l'armée était néanmoins dégoûtée d'une guerre dans laquelle les plus dures

(1) Il n'est pas inutile de remarquer que l'un des motifs principaux de la sympathie témoignée par la République helvétique aux républicains lombards était un pur intérêt commercial. Elle espérait que la Lombardie, se constituant en république, serait naturellement amenée à modifier profondément, sinon à abolir complétement les tarifs douaniers existants, tandis que, par l'adjonction de la Lombardie au Piémont, le commerce helvétique aurait vu subsister les mêmes entraves que sous le régime autrichien.

privations, le respect le plus absolu des propriétés, le dévouement le plus noble aux volontés de son souverain, ne lui avaient valu que des reproches immérités.

Aussitôt qu'elle eut repassé la frontière du Piémont, une immense désertion se manifesta dans ses rangs. Les hôpitaux regorgeaient, en outre, de blessés et de fiévreux; aussi comptait-on, tout au plus, vingt-cinq mille hommes sous les drapeaux; encore étaient-ils mal vêtus, sans chaussures, et hors d'état de continuer une lutte jugée désormais impossible par tous les esprits impartiaux.

Les Italiens n'avaient donc plus d'espérance que dans le concours de l'armée des Alpes, ou dans une énergique intervention diplomatique de l'Angleterre et de la France. On pouvait se repentir alors d'avoir dit : « *Italia farà da se* » ; mais, malgré ces mots téméraires, les paroles prononcées du haut de la tribune française dans les premiers jours de juillet, par le ministre des affaires étrangères, M. Bastide, rassuraient les Italiens sur les dispositions du gouvernement français, et les portaient à regarder comme indubitable l'intervention armée de la France.

Le général Cavaignac et ses ministres avaient lieu de regretter amèrement d'avoir renouvelé, à plusieurs reprises, les promesses imprudentes du Gouvernement provisoire, qui plaçaient la France dans la pénible alternative de se lancer dans le vaste champ des aventures, ou de paraître abandonner un peuple dont elle avait salué avec sympathie les premiers élans.

Les hommes qui n'avaient pas craint de convier tous les

peuples à des luttes inégales, qui avaient affiché un mépris si hautain pour la politique de la monarchie, se virent alors acculés par leur impéritie dans une impasse où le bon sens public se refusait à les suivre.

La France protestait de toutes ses forces contre la violence insensée qui, en février, l'avait poussée dans l'abîme; elle ne se croyait liée par aucune des promesses qu'une poignée de factieux, momentanément portés au pouvoir par cette catastrophe, avaient faites en son nom. Elle était dans son droit, car sa parole, comme son épée, ne peut devenir le jouet d'une tourbe d'écrivains sans conscience, d'habitués d'estaminets ou de héros de mauvais lieux.

Le tort des Italiens fut d'avoir méconnu l'état réel de la France, et d'avoir cru qu'il suffisait aux vainqueurs de Février d'avoir engagé leur parole, pour que la France fût tenue d'y faire honneur.

Tandis que tous les regards se portaient vers l'armée française, le gouvernement de la République flottait irrésolu. Les jours s'écoulaient rapidement; il devenait urgent d'aviser à une situation de plus en plus critique, et le roi dut se résigner à demander une prolongation d'armistice.

Le général Sallasco fut chargé de cette mission pénible et délicate. Muni des pleins pouvoirs du Roi, il partit de Vigevano, où était établi le quartier général, se rendit à Milan et apposa son nom à un acte dont les stipulations froissèrent outre mesure l'amour-propre des Piémontais.

Dans cet acte, en effet, la question de Plaisance était réservée, de manière à laisser l'espoir que, moyennant une indemnité pécuniaire stipulée en faveur du duc de Parme, il serait possible d'assurer au Piémont une compensation à ses sacrifices, par l'adjonction du duché de Plaisance au royaume de Sardaigne.

Cet armistice était conclu pour six semaines, mais il fut stipulé qu'il serait maintenu tant que l'une des deux puissances belligérantes ne donnerait pas avis de la reprise des hostilités, huit jours à l'avance. Cette convention une fois stipulée, le quartier général fut transporté à Alexandrie, et bientôt la médiation de la France et de l'Angleterre, acceptée par le Piémont et par l'Autriche, vint augmenter les probabilités d'une paix prochaine.

Néanmoins on s'occupa sans retard de réorganiser l'armée. Des ordres sévères furent donnés pour faire rejoindre aux déserteurs leurs corps respectifs, et d'immenses travaux en terre furent entrepris autour d'Alexandrie, pour remplacer le camp retranché créé autrefois par l'empereur Napoléon, et détruit après 1815 par les Autrichiens.

Convaincu que la guerre était désormais terminée, mais regardant comme un devoir d'attendre la conclusion de la paix, avant de quitter le service d'un prince auquel m'attachaient ses bontés pour moi et ses malheurs, je demandai au Roi l'autorisation d'aller à Florence passer quelques jours auprès de mon père. Sa Majesté daigna me l'accorder; mais je fus frappé autant qu'honoré de la recommandation qu'elle me fit de la rejoindre promptement, et surtout de ces derniers mots : « Allez, Dino, et dites à votre père que je vous ferai revoir encore de belles journées. » J'eus dès lors le pressentiment qu'à moins de conditions inespérables, et telles qu'elles pussent réduire au silence les révolutionnaires eux-mêmes, le Roi rentrerait dans l'arène des batailles.

L'accueil fait à l'armistice qu'il venait de conclure lui avait rappelé qu'en donnant à ses peuples une constitution, il s'était ôté la puissance de conjurer les malheurs dont ils étaient actuellement menacés. Alors, n'écoutant plus que son désir de venger ses défaites et d'imposer silence à ses détracteurs par des actes éclatants, on le vit successivement dévorer toute sorte d'affronts, se livrer, en apparence, aux illusions du parti ultra-libéral, ainsi qu'aux exigences de l'émigration lombarde; puis enfin, résigné d'avance aux conséquences d'une nouvelle guerre, ressaisir son épée et en appeler aux armes.

Plusieurs officiers polonais avaient été admis dans l'armée sarde, pendant le cours de la première campagne; et, dans les derniers combats, nous avions pu remarquer le colonel Zamoiski, qui avait obtenu l'autorisation de suivre le quartier général, sans y être officiellement attaché (1).

Doué d'un esprit fin, insinuant, actif, d'un brillant courage et d'un dévouement sans bornes à son pays, le colonel Zamoiski exerçait sur ses compatriotes un ascendant légitime. Animé de l'espoir que la combustion générale

(1) A Milan, le roi de Sardaigne nomma le colonel Zamoiski au grade de colonel d'armée (c'est-à-dire colonel disponible); ce qui donne, en Piémont, un uniforme spécial.

de l'Europe entraînerait des chances favorables à l'émancipation de la Pologne, il attachait la plus grande importance à voir s'augmenter les complications qui menaçaient l'empire d'Autriche d'une destruction prochaine. La paix pouvait porter un coup redoutable à ses espérances : aussi déploya-t-il toutes les ressources de son esprit pour entraîner de nouveau le Piémont à la guerre.

Il lui fut facile de prendre de l'influence sur l'esprit des hommes que les passions du jour portaient aux affaires. Grâce à sa persévérance, il parvint à faire goûter au Roi l'idée d'appeler auprès de lui le général Chrzanowski, dont les travaux militaires et les talents déployés dans la guerre de Pologne justifiaient la présentation. Mais chacun sentait que la présence d'un général français à la tête de l'armée sarde serait d'un bien plus grand effet sur elle, sur le pays et sur l'Autriche elle-même. Il fut en somme décidé que le colonel Zamoiski offrirait au général Schranowski la place de chef d'état-major général, avec cette clause que celui-ci aurait à la remplir, soit sous les ordres du général Bava, soit sous ceux d'un général français, soit enfin sous ceux d'un des membres de la famille royale : ce qui fut accepté par le général Chrzanowski.

On envoya en France le général Alphonse La Marmora, pour demander au gouvernement de la République d'autoriser un général en renom (1) à venir se mettre à la tête de l'armée sarde.

---

(1) Le général Changarnier était plus spécialement désiré par le

Mon séjour en Toscane fut de courte durée, et j'eus encore là le triste spectacle d'un pays aux prises avec la dissolution sociale que provoque toujours l'envahissement de la démagogie.

J'avais trouvé Livourne en proie à l'omnipotence de hordes sauvages, véritable Bohême recrutée dans tous les ports de la Méditerranée.

Les troupes du grand-duc de Toscane ayant été chassées, aucun frein ne contenait plus ces misérables, qi se livraient à toute sorte de désordres et ne recevaient d'autre direction que celle des Guerrazzi, Montanelli et Pigli. L'impuissance du gouvernement toscan à ramener dans le devoir cette ville importante démontrait assez que, désormais, le pays était hors d'état d'offrir, en cas de guerre, le moindre secours au Piémont.

A mon retour, je voulus voir les curiosités de la ville

---

gouvernement sarde. Il paraît qu'il eût accepté les propositions qui lui furent faites, à conditio ı que le commandement en chef des deux armées lui aurait été garanti, dans le cas où l'armée des Alpes serait appelée à entrer en ligne, soit au moment de la reprise des hostilités, soit après des efforts infructueux tentés par l'armée sarde agissant seule. Le général Cavaignac n'ayant pas voulu admettre cette condition, le général Changarnier refusa les offres qui lui étaient faites.

Non-seulement le ministère Bastide, démentant ses promesses, ne satisfit point à la demande du gouvernement piémontais, mais il lui fit savoir de la manière la plus formelle que si l'armée piémontaise franchissait le Tessin, non-seulement le gouvernement de la République se regarderait comme délié de toutes ses promesses, mais encore qu'il cesserait toute intervention diplomatique dans les affaires italiennes.

d'Alexandrie et de ses environs. Après avoir visité la citadelle et le champ de bataille de Marengo, je reconnus, à mon vif regret, que j'avais épuisé le peu d'aliments offerts par ce pays à la curiosité des touristes. Je dus donc accepter, dans toute sa monotonie, la vie de garnison (1).

La manière dont les Milanais attachés à l'état-major général supportaient la ruine de leurs espérances, et les privations auxquelles les astreignaient les rigueurs du gouvernement autrichien, m'inspira la plus profonde compassion pour leurs infortunes et la plus haute estime pour leur caractère : ils se maintenaient en dehors de toute intrigue, accomplissaient avec zèle leurs devoirs et cherchaient, dans toutes les occasions, à redresser les jugements erronés de leurs compatriotes réfugiés.

Bien que placés loin du centre des agitations politiques, nous n'en ressentions pas moins le contre-coup des luttes violentes des partis. Nous déplorions cette agitation fié-

(1) Bien que la disposition de mon esprit s'accommodât fort d'une vie retirée, et me la fît même rechercher, je cédai aux amicales instances de mes collègues, qui me présentèrent chez la marquise del Pozzo, demi-sœur de la princesse Belgiojoso. Madame del Pozzo joint à une grande beauté le caractère le plus affable, et offre un modèle bien attachant des plus rares vertus. Son salon était une ressource précieuse, il y régnait une grande simplicité ; on y trouvait une petite réunion choisie, dont madame del Pozzo, la marquise sa belle-mère, et la gracieuse comtesse del Carreto, sa nièce, faisaient tous les frais. Excepté M. del Pozzo, tous les hommes étaient militaires. Tous ceux qui, comme moi, ont eu l'honneur d'être admis dans cette maison, en conserveront toujours le souvenir le plus agréable et le plus reconnaissant.

vreuse qui, sous prétexte de tout améliorer, ne faisait que plonger le pays dans un désordre croissant, à l'époque même où, en France, des symptômes rassurants rendaient l'espérance aux honnêtes gens.

Au mois de décembre 1848, la nomination du prince Louis Bonaparte à la présidence de la République vint donner à la France un gage de sécurité intérieure, dont les heureux effets ne pouvaient se développer qu'à la condition que l'élu de la nation s'éloignerait de plus en plus des errements de la révolution de février.

Bientôt le nouveau cabinet, présidé par M. Odilon Barrot, engagea vivement le Piémont à tourner tous ses efforts vers la paix, lui déclarant nettement que la France n'interviendrait pas par les armes dans la question lombarde. Ces conseils, appuyés de ceux de l'Angleterre, devaient faire croire que le gouvernement sarde rechercherait avec ardeur une paix d'autant plus nécessaire que de nouveaux orages éclataient sur tous les points de l'Italie. Partout la secte mazzinienne levait audacieusement la tête, et, du fond de la Toscane, où elle était parvenue à implanter plusieurs de ses adeptes au ministère, elle agitait à la fois Rome et le Piémont.

A Rome, le meurtre de l'infortuné Rossi avait été le signal de l'explosion qui devait embraser bientôt l'Italie. Quelques jours plus tard, le Souverain-Pontife, menacé jusque dans son palais, avait dû fuir de sa capitale, pour échapper à des sectaires insensés, évitant peut-être au monde, par cette fuite, le spectacle du plus atroce des forfaits.

La longanimité du grand-duc Léopold, exploitée avec imprudence par un ministère de traîtres, ne servait qu'à préparer d'une manière plus certaine la ruine de ce beau duché.

En Piémont, Gênes était difficilement contenue par une forte garnison; Turin voyait ses rues, ordinairement d'un calme proverbial, transformées en théâtre de manifestations tumultueuses; l'armée elle-même était incessamment travaillée par d'obscurs agents qui cherchaient à ébranler sa fidélité au Roi pour la gagner à la cause mazzinienne.

Mais, à force de s'être fait de la guerre contre l'Autriche un moyen de conquérir et de conserver le pouvoir, les chefs des différents partis, libéraux, ultra-libéraux et révolutionnaires, repoussaient avec la plus vive impatience tous les avis pacifiques. Le pays entraîné, séduit par la faconde d'une foule d'avocats, transformés *ex abrupto* en hommes d'État, applaudissait à ceux qui savaient le mieux faire résonner les mots de guerre contre les barbares.

Le ministère Perone, composé d'hommes dévoués à la Constitution, était en butte à de violentes accusations de tiédeur pour la cause italienne, parce qu'il se refusait à brusquer les événements, et qu'il croyait devoir laisser à la diplomatie le temps d'user de toutes ses ressources pour amener un dénouement favorable à ses vues.

Le parti ultra-libéral, renforcé de l'appui de M. l'abbé Gioberti, pactisait secrètement avec les clubs révolutionnaires de Paris et se flattait d'entraîner la France, malgré elle, dans la lutte, s'il parvenait à faire entendre de nouveau le canon au delà du Tessin. Aussi mettait-il tout en œuvre pour précipiter les événements.

Les républicains, sans force dans le parlement, exploitaient les passions guerrières et anarchiques de la multitude, et trouvaient de nombreux éléments de discorde dans la masse de réfugiés sans ressources qui inondaient le Piémont. C'était en vain que le pays s'imposait les plus lourdes charges pour subvenir aux besoins de tant de malheureux. Cette population flottante et parasite, enivrée par les discours envenimés des ennemis du trône, était toujours prête à se livrer à des désordres qu'une autorité faible et irrésolue ne savait ni prévenir, ni comprimer avec énergie.

Le parti conservateur piémontais, paralysé par l'attitude indécise du Roi au milieu de ces violentes querelles, attendait avec impatience la fin d'un ordre de choses qui ne préparait que de trop cruels malheurs.

Il se surprenait même parfois à souhaiter la guerre, comme un dérivatif aux passions anarchiques, se disant : Que la victoire donnerait au Roi la force de parler en maître, à la tête de son armée, aux factions intestines, et que la défaite imposerait nécessairement une paix qui délivrerait le pays des craintes, chaque jour croissantes, d'une révolution intérieure.

Tandis que ces différents partis cherchaient leurs points d'appui, les uns dans la Constitution, ou dans une connivence coupable avec les révolutionnaires du reste de l'Europe, les autres, dans le maintien du pouvoir royal et l'avortement du levain révolutionnaire, les princes de la maison de Savoie se tenaient à l'écart de toutes ces dissensions, s'occupant exclusivement de leurs fonctions militaires.

Au milieu de ce désordre croissant, les partis jetaient les yeux, les uns avec crainte, les autres avec espérance, sur le prince royal. Chacun sentait que plus le Roi laissait l'autorité vaciller entre ses mains, plus le duc de Savoie devenait une puissance dans le pays, un point de ralliement pour tous les honnêtes gens.

Aussi chercha-t-on, à diverses reprises, à l'entraîner dans diverses voies audacieuses. On eût voulu que, profitant de l'affection que lui portait l'armée, il se déclarât ouvertement contre la politique périlleuse suivie par son père; mais ce jeune prince avait au plus haut degré le sentiment du devoir que les fumées révolutionnaires tendaient à voiler de plus en plus chez un peuple naturellement loyal et fidèle. Il repoussa avec force et sans hésitation toutes ces suggestions, et, bien qu'appréciant sainement la portée des incidents politiques qui sapaient chaque jour davantage l'autorité royale, il se renferma dans la stricte observation des devoirs de général de division. Il répondait volontiers à ceux qui faisaient briller à ses yeux des espérances séduisantes pour la plupart des hommes: « Me prenez-vous pour un prince du Bas-Empire? »

J'ignore le rôle que l'avenir réserve au jeune duc de Savoie, mais je n'hésite pas à dire que sa conduite, pendant toute la période de l'armistice, soit comme fils, soit comme prince, formera la page la plus honorable, la plus méritoire et la plus digne d'éloges de sa vie.

Le gouvernement piémontais ayant résolu de mettre à la tête de l'armée un général étranger, profita de la publication d'une petite brochure faite par le général Bava pour lui retirer le commandement (1).

Le gouvernement français avait refusé les différents généraux qu'on lui avait demandés : il fut, dès lors, résolu que le général Chrzanowski commanderait l'armée sous les ordres du Roi, et qu'il assumerait la responsabilité des opérations.

---

(1) Lorsque le Roi quitta l'armée, pour se rendre à Turin, au mois de septembre 1848, il remit le commandement en chef au général Bava. Celui-ci était, sans contredit, de tous les officiers généraux piémontais, le plus apte à remplir ces fonctions importantes. Issu d'une famille bourgeoise, le général Bava débuta dans la carrière des armes comme simple soldat. En 1815, il était capitaine dans un des régiments piémontais incorporés dans l'armée française. Passionné pour l'art militaire, il mit à profit les loisirs d'une longue paix pour étudier sans cesse les règles de la guerre. Apprécié par le Roi Charles-Albert, il lui dut un avancement légitimé par son réel mérite. Pendant la première campagne, on le vit déployer, dans plusieurs occasions, des talents d'un ordre élevé ; la victoire de Goito, la brillante affaire de Governolo, et surtout sa belle retraite à Custoza, lui assurent une place des plus distinguées dans l'histoire militaire du Piémont. Doué d'un sang-froid inébranlable, il était aimé de la troupe, à laquelle il inspirait une grande confiance : aussi emporta-t-il, dans sa retraite, l'estime générale et les regrets du soldat.

Par sa simplicité et la bienveillance de son caractère, ce général avait déjà su se concilier l'affection des officiers placés sous ses ordres immédiats. Cependant bien des préventions subsistaient contre lui. Il était Polonais, et, il faut bien le dire, ce nom seul portait à le regarder comme un révolutionnaire. Il ne l'était, certes, ni par l'esprit, ni par le caractère, ni par le cœur ; et on lui doit la justice de dire que outre un rare désintéressement, il eut toujours la loyauté de faire sentir au ministère piémontais toutes les difficultés et tous les périls de la guerre qu'on allait entreprendre.

Après une suite d'orageuses discussions, le ministère Perrone, débordé de toutes parts, dut se retirer et faire place à un ministère de coalition présidé par l'abbé Gioberti (1),

(1) M. Gioberti, mécontent de n'avoir pas été chargé de la formation du nouveau cabinet nommé par le Roi après la conclusion de l'armistice, refusa d'en faire partie malgré les propositions qui lui furent faites à cet effet par M. le comte de Revel, président du nouveau conseil. Son mécontentement le porta à faire servir toute sa popularité au triomphe d'un parti, dont toutefois il ne partageait point les tendances. Regardant la faveur populaire comme un piédestal inébranlable, il croyait qu'il lui serait facile de dominer des hommes dont il faisait la fortune politique. Son illusion était profonde : ces hommes qu'il regardait comme des disciples soumis, n'avaient vu en lui qu'un instrument utile dont toute la puissance ne devait désormais résider que dans ceux dont il avait assuré le triomphe. En effet, M. Gioberti, depuis longtemps en hostilité ouverte avec le parti conservateur et les républicains, venait de rompre avec le parti libéral, par son pacte avec les ultra-libéraux de l'assemblée, et ne représentait plus que sa seule personne dans le cabinet.

Il fallait désormais, ou qu'il fît abstraction de ses opinions person-

ministère qui s'intitula : *il vero ministero democratico* (1).

Ce nouveau ministère, né d'une coalition, se trouva bientôt divisé sur les questions les plus graves.

Dès son installation, il envoya à Gênes l'un de ses membres, M. Buffa, avec le titre de commissaire royal. Sa mission était de calmer les agitations anarchiques qui remuaient de plus en plus la population inquiète de la ville.

Des pleins pouvoirs lui furent donnés à cet effet.

M. Buffa débuta dans cette mission délicate en ordonnant la remise des forts de la ville à la garde nationale, et, non content de froisser, par une telle mesure, l'armée dans son légitime amour-propre, il l'outragea de la manière la plus sensible par une proclamation adressée aux Génois, pour leur annoncer le départ de la garnison pour Novi. Cette faute inconcevable de la part d'un partisan de la guerre à tout prix porta les fruits les plus pernicieux (2).

---

nelles, et suivît servilement la ligne qui lui serait imposée par ses collègues, ou bien qu'il se résignât à une chute imminente à laquelle tous les partis resteraient indifférents.

(1) Le véritable ministère démocratique.

(2) Après la bataille de Novare, la ville de Gênes, laissée sans garnison, par suite de cette mesure impolitique, se mit en révolte ouverte contre son souverain légitime. Il fallut reprendre de force cette cité, puissante par ses richesses et sa population, non moins que par ses fortifications imposantes qui en font une des premières places fortes du monde. Le général Alphonse de La Marmora, à la tête de quinze mille hommes, fut chargé de cette mission. Il l'accomplit avec une intelligence et une audace qui épargnèrent de grandes calamités à la ville, et d'immenses sacrifices au Piémont. Ce brillant fait d'armes confirma

L'honneur militaire, profondément froissé, fit naître une irritation bien naturelle dans toute l'armée, et il fallut toute l'influence du Roi et des princes pour comprimer les élans de sa juste indignation.

M. Gioberti fit partir des plénipotentiaires piémontais

---

toute l'armée dans l'estime qu'elle portait déjà au jeune général dont la bravoure personnelle et l'intelligence s'étaient signalées dans plus d'une occasion. Il est à remarquer que, dans cette circonstance, lord Hardwick, commandant les forces anglaises stationnées dans la rade de Gênes, se conduisit avec une loyauté parfaite envers le gouvernement sarde, et prêta un concours énergique an général La Marmora, dans toutes ses opérations. Ce fut surtout en embossant sa frégate à une demi-encâblure de la darse, et en menaçant de bombarder la ville que lord Hardwick sauva cette belle cité de la mise en liberté des galériens, que voulaient relâcher les chefs de l'insurrection. On aime à enregistrer un fait honorable pour l'Angleterre, surtout après avoir vu s'accomplir en son nom tant d'actes iniques, qui devaient révolter la loyauté de ses braves marins changés en propagandistes révolutionnaires et en recors du commerce par un ministre brouillon et sans loyauté.

M. Gasquet, commandant le bateau à vapeur de guerre en station à Gênes, à la même époque, déploya, au milieu de ces tristes événements, le courage et le dévouement aux principes d'ordre et d'humanité dont la marine française a constamment fait preuve pendant toutes les complications démagogiques qui ensanglantèrent les rivages de la péninsule italienne. L'amiral Baudin, lors des événements du 15 mai 1848, avait repoussé avec indignation les instigations effrontées d'un monsieur Levraud, contre-basse de l'Opéra-comique, envoyé comme ministre de la République française à Naples par M. de Lamartine, immédiatement après la catastrophe de février. Ce *diplomate* voulait que la flotte française prît parti pour les révoltés contre le Roi. M. le commandant Gasquet, en revanche, prêta tout l'appui moral dont il put disposer, au général Alphonse de La Marmora pour l'accomplissement de cette tâche difficile.

pour le congrès de Bruxelles. En même temps, il envoyait auprès des Cours d'Italie de nouveaux représentants chargés de faire agréer à leurs gouvernements respectifs un plan de confédération italienne. Il refusait péremptoirement de reconnaître la République romaine offrait au Pape les bons offices du Gouvernement sarde pour amener une transaction pacifique avec les insurgés romains, et adressait à tous les cabinets de l'Europe une note dans laquelle il cherchait à établir que la question romaine étant une question italienne, sa solution appartenait exclusivement aux gouvernements italiens (1).

M. Gioberti avait spécialement à cœur de rétablir des relations amicales entre la Cour de Sardaigne et celle de Naples. Il regardait comme nécessaire. pour résister aux efforts des Mazziniens, que les différents gouvernements italiens se donnassent la main, et se secourussent loyalement.

Sa plus grande ambition était de rendre à la guerre contre l'Autriche son caractère primitif d'une guerre d'indépendance; mais il mit une précipitation regrettable dans le choix et l'envoi des nombreux diplomates qu'il avait dû nommer dès son entrée au ministère. Sans consulter la Cour de Naples, il nomma ministre plénipotentiaire, près

---

(1) Les deux souverainetés, spirituelle et temporelle, confondues dans la personne du Pape, rendaient peu admissible, de la part des puissances catholiques, la doctrine formulée par M. Gioberti; néanmoins, cette note ne laissa pas que de produire un certain effet en Europe.

de cette Cour, M. le sénateur Plezza, qui justifiait du reste un tel choix par un caractère très-honorable et un savoir réel, mais, comme on lui attribuait d'avoir tenu, dans le sénat, des propos fort injurieux sur la personne du Roi de Naples, ce choix pouvait paraître provocateur plutôt que conciliateur.

Ainsi, dès le début, deux actions distinctes se révélèrent dans le ministère : l'une, pactisant avec l'émeute, l'autre, cherchant à relier des relations avec les gouvernements conservateurs dans le but d'assurer au Piémont une meilleure attitude dans les négociations du congrès de Bruxelles.

Je fis, à cette époque, une petite excursion de dix jours à Naples. Cette capitale jouissait d'un calme auquel je n'étais plus habitué depuis le 24 février 1848. Cependant les canons des forts braqués sur la ville, les fenêtres du palais murées et crénelées prouvaient que la révolution avait aussi tenté de s'implanter dans cette partie de l'Italie (1).

L'animation habituelle de cette vaste cité était augmentée encore par la présence des escadres française, anglaise, espagnole, napolitaine ; et par celle de tant de diplomates allant et venant sans cesse de Gaëte à Naples, et de Naples à Gaëte.

Le cabinet napolitain ayant refusé d'admettre en qua-

---

(1) Je revis à Naples bien des personnes que j'avais perdues de vue depuis le 22 février 1848, et je retrouvai, dans le salon de la duchesse Bivona, tous les charmes de la vie pacifique, toutes les grâces du ton le plus exquis, en un mot, toutes les séductions d'une société d'élite.

lité de représentant du Roi de Sardaigne M. Plezza, celui-ci reçut l'ordre formel de rompre de la manière la plus absolue avec la cour de Naples, et de quitter cette ville dans les vingt-quatre heures.

En retournant à Turin, je traversai Rome, mais sans m'y arrêter. Quel intérêt pouvait m'offrir alors la capitale de la chrétienté? Quel spectacle consolateur pouvait-elle présenter à mon esprit?

Depuis un an, mes yeux ne s'étaient-ils pas rassasiés de la vue des bandes sans nom promenant en Europe la révolution! L'histoire ne m'avait-elle pas appris, et ma propre expérience ne m'avait-elle pas confirmé que loyauté, grandeur, vertu, majesté sont impuissantes pour arrêter l'audace des révolutionnaires.

Je voyais, chaque jour, l'esprit démagogique s'étendre de plus en plus, et la guerre d'indépendance perdre de son noble caractère par des emprunts croissants faits aux passions anarchiques. Cependant, au milieu des vifs regrets que me faisait éprouver ce douloureux spectacle, je conservais une lueur d'espérance. Je voyais, dans cette Rome elle-même livrée au pouvoir de révolutionnaires implacables, un gage de salut offert au Piémont pour détourner de lui les dangers qui le menaçaient de plus en plus; pour rentrer d'une manière glorieuse dans le concert européen, pour acquérir de nouveaux titres à la reconnaissance de l'Italie, et pour imposer aux grandes puissances, par un service signalé rendu à la chrétienté tout entière, l'obligation de régler, d'une manière favorable à ses intérêts, sa querelle avec l'Autriche.

Le Roi de Sardaigne venait de déclarer à l'Europe, qu'à ses yeux, la question romaine était une question purement italienne ; qu'aux puissances italiennes seules appartenait le droit de la régler. Il avait donc pris un engagement tacite d'en entreprendre la solution.

Il avait combattu l'Autriche au nom de l'Italie; il pouvait donc, au nom de l'Italie, marcher contre Rome païenne pour y ramener le Pape. Par cette détermination hardie, il écrasait la révolution déjà menaçante dans ses états, imminente en Toscane, et victorieuse à Rome. Il s'assurait les sympathies de toute la catholicité, rendait le calme au centre de la péninsule italienne, et forçait l'Autriche à respecter le protecteur du Saint-Siége.

Plus l'anarchie se développait en Italie, plus l'opinion publique, en France, perdait de la sympathie qu'elle avait d'abord éprouvée pour la cause italienne. En se posant nettement comme le défenseur du Saint-Siége, le Gouvernement sarde ramenait à lui la sympathie de l'immense majorité des Français, et il n'était pas douteux que le gouvernement de la République n'eût fait les plus grands efforts pour faciliter l'accomplissement d'une telle résolution. La paix avec l'Autriche était, il est vrai, la conséquence probable de cette politique : mais la paix n'était-elle pas indispensable ? Et n'était-ce pas en combattant l'anarchie, plutôt qu'en la protégeant chez ses voisins qu'on pouvait s'assurer des conditions propres à consoler de brillantes illusions conçues dans d'autres temps?

Ce plan d'une intervention à Rome fut soumis au Roi, et sembla un instant séduire son esprit; mais il ne fut pas possible de le faire adopter par son ministère. Je ressentis une excessive douleur, en voyant repousser une telle marche; mais bientôt le triomphe des révolutionnaires en Toscane me rendit quelque espérance.

M. l'abbé Gioberti, en effet, éclairé par la fuite du grand-duc Léopold hors de ses états, et par l'attitude menaçante des révolutionnaires sur le flanc du Piémont, songea sérieusement à faire marcher un corps d'armée en Toscane.

Cette résolution lançait le Piémont dans une nouvelle voie, et on pouvait présumer, avec quelque apparence de raison, qu'une fois entré en Toscane, il eût été entraîné à refouler jusque dans Rome tous les factieux, pour y écraser d'un seul coup l'hydre révolutionnaire.

Le général Alphonse La Marmora, placé à la tête d'une division, sur le bord de la Magra, pouvait pénétrer en Toscane au premier signal. Les populations n'attendaient que son approche pour se soulever en masse, et déjà les nombreux partisans du grand-duc se tenaient prêts à se joindre à lui.

L'ordre fut donné de faire marcher cette division. On put croire que le roi Charles-Albert, n'écoutant que sa raison, sa piété et son courage, donnerait tout l'appui de son autorité à l'accomplissement d'un plan qui avait reçu son assentiment, et dont il avait, mieux que personne, envisagé tous les résultats avantageux.

Mais la majeure partie des ministres, ne devant leur présence au ministère qu'à l'appui des exaltés, en partageaient les passions étroites sur beaucoup de points. Persuadés que jamais la France ni l'Angleterre ne permettraient un démembrement du royaume de Sardaigne, les collègues de M. Gioberti brûlaient de tenter une aventure dont l'insuccès ne devait entraîner, pour le Piémont, qu'une perte d'hommes et d'argent.

La guerre contre l'Autriche était donc l'idée fixe de la partie exaltée du ministère; aussi avait-il fallu beaucoup d'habileté pour l'amener à une intervention en Toscane.

L'émigration lombarde, ayant eu connaissance de la décision qui venoit d'être prise, mit tout en œuvre pour l'entraver. Elle rencontra, dans les ministres, de grandes facilités, car le rôle d'hommes du pouvoir ne leur était pas encore assez familier pour leur avoir donné cette inflexibilité de jugement et d'esprit nécessaire pour rejeter tout ce qui n'est qu'illusion, et pour marcher avec fermeté dans la voie nouvelle où ils venaient de s'engager.

Peut-être crurent-ils, dans leur âme et conscience, que tout ce qui pouvait détourner la guerre avec l'Autriche, serait un crime de lèse-nation! Cependant les avertissements les plus explicites, je dirais même les plus rudes, leur avaient été donnés, peu de temps avant, par le général Pelet, au nom du Gouvernement français; ils repoussèrent tous les conseils de la diplomatie, et, se laissant entraîner par leurs anciennes sympathies, n'hésitèrent pas à se séparer de M. Gioberti.

Leurs remontrances exercèrent le même empire sur l'esprit du Roi. Le soir du jour où avait été décidée l'intervention en Toscane, l'expédition fut contremandée; M. Gioberti quitta le ministère, et, s'enveloppant dans un loyal silence, laissa à ses anciens collègues la responsabilité entière des décisions désastreuses qu'ils allaient prendre désormais.

A partir de cet instant, on dut regarder comme certain l'avortement du congrès de Bruxelles; et, bien que l'armée ne fût nullement préparée à la guerre, on devait tout attendre d'hommes qui fondaient leurs espérances sur la diversion des Hongrois et les révolutions de l'Allemagne.

Il leur eût été cependant facile de comprendre que l'insurrection hongroise, ayant commis la faute de s'adjoindre l'élément polonais, devait indubitablement faire entrer en scène les forces imposantes de la Russie, et que les révolutions de l'Allemagne, comme celle qui, naguère, avait bouleversé la France, donnaient à l'Europe une soif de repos et de tranquillité, prête à se traduire par des sentiments hostiles à tous ceux qui seraient assez téméraires pour agiter de nouveau le sol européen, et faire naître de nouvelles chances d'embrasement général.

Après la sortie de M. Gioberti du ministère, je repartis pour Alexandrie.

Là tous les regards se reportaient vers le futur théâtre des opérations militaires, et chacun faisait ses préparatifs pour une campagne désormais imminente.

Ce fut donc sans étonnement, comme aussi sans enthousiasme, que l'armée accueillit la nouvelle de la rupture de l'armistice.

BUFFALORA.

CHAPITRE QUATORZIÈME.

BUFFALORA. (1)

Si l'on tient compte d'une disproportion trop évidente entre les forces et les intérêts mis en présence, on ne peut méconnaître une singulière analogie entre les malheureux événements militaires de 1815, en France, et ceux qui viennent de s'accomplir en Piémont. Chacun de ces deux pays se vit une première fois repoussé dans ses limites pour n'avoir pas su s'arrêter dans la victoire. Après les pre-

(1) Les trois derniers chapitres, Buffalora, Lafforsesca et Novara, ont été publiés séparément du reste de cet ouvrage dans la *Revue des Deux-Mondes*, livraison du 15 mai 1850.

mières hostilités, tous deux pouvaient conserver un léger agrandissement de territoire; mais, lancés une seconde fois dans l'arène des batailles, tous deux succombèrent dans la nouvelle lutte, après un combat de deux jours, dont le premier semblait leur présager la victoire. Bien que cette lutte ait été courte et malheureuse pour le Piémont, il paraîtra certainement intéressant aux militaires de connaître quelles furent les dispositions prises par le général de l'armée piémontaise, et comment, malgré ses efforts, il fut vaincu; je chercherai donc à exposer d'une façon précise ses opérations et les divers incidents qui le forcèrent à modifier ses plans, afin que l'opinion des juges compétents puisse se former en connaissance de cause.

Pour précipiter l'ouverture des hostilités, la consulte et l'émigration lombardes remplissaient Turin de l'annonce d'une insurrection générale de la Lombardie, qui devait éclater dès que l'armée franchirait le Tessin. Malgré ces assurances, ceux qui avaient fait la dernière campagne comptaient faiblement sur ces promesses. Brescia et Bergame étaient les seules villes dont le patriotisme inspirât une confiance réelle. Rien cependant n'autorisait à douter complètement des assurances de l'émigration lombarde: si une victoire venait couronner dès le début les efforts des Piémontais, il semblait naturel que les populations de la Lombardie se soulevassent. La menace d'une insurrection générale devait d'ailleurs exercer une puissante influence sur les plans du maréchal Radetzki. Il était à supposer que le maréchal entreprendrait de défendre la Lombardie. Pour cela, il avait deux choses à faire: ou se tenir prêt à recevoir la bataille, ou franchir lui-même le Tessin et porter la guerre en Piémont.

Dans la première hypothèse, l'armée autrichienne n'avait guère qu'une seule position à choisir, en arrière du Naviglio, qui, coulant parallèlement au Tessin, à très-petite distance de ce fleuve, est commandé par une série de fortes positions naturelles, d'où l'on domine les assaillants, et d'où il est facile de s'élancer à son tour pour profiter de ses avantages et poursuivre la victoire. La route de Novara à Milan traverse en quelque sorte le centre de cette ligne de bataille, passant sur le Tessin au pont de Buffalora, et rencontrant, après une forte montée, l'établissement de la douane milanaise, puis le gros bourg de Magenta. Dans la seconde hypothèse, plusieurs débouchés s'offraient aux Autrichiens: l'un par Oleggio, ce qui supposait toujours des forces considérables à Magenta; l'autre par la rive droite du Pô sur Alexandrie; le troisième par Pavie sur Mortara; le quatrième par le pont de Buffalora sur Novara. Il était peu probable que les Autrichiens choisiraient la marche par Oleggio ou celle par la rive droite du Pô: l'une et l'autre offraient de trop graves dangers sans présenter la perspective d'assez prompts avantages. On devait donc supposer qu'en cas d'offensive de leur part, ils se décideraient pour une pointe, soit par Pavie, soit par le pont de Buffalora. L'attaque par Pavie était fort audacieuse, militairement parlant, car l'armée autrichienne devait livrer bataille avec un fleuve en arrière d'elle, à courte distance, un autre fleuve à sa droite, forcer en outre le passage du Gravellone, sans avoir d'autre issue, en cas de retraite, que le pont de Pavie et ceux qu'elle aurait jetés, dans un espace fort limité, sur le Tessin et sur le Gravellone. En cas de revers, elle courait donc le risque d'être entièrement détruite. Il est assez probable que le général autrichien eût choisi une meilleure ligne d'attaque, s'il n'eût été déterminé par des pensées d'un autre ordre. Les préoccupations qui le décidèrent me semblent avoir été : d'abord, la crainte de l'insurrection qui, tourbillonnant autour de son armée, aurait pu démoraliser le soldat, tandis que, tenant son armée flanquée de deux fleuves, il l'isolait, en partie, du danger d'être harcelée pendant la lutte par des bandes d'insurgés; ensuite, la nature du pays lombard qui, sillonné de canaux, de lignes d'arbres, de rivières, rend très-difficile un mouvement de retraite; enfin, l'espoir qu'en cas de succès, il coupait l'armée piémontaise de sa base d'opérations, la refoulait sur le lac Majeur, et s'ouvrait d'un seul coup la route de Turin et celle d'Alexandrie. On doit ajouter aussi que, maître des deux rives du Tessin à Pavie, et s'épargnait une difficulté, car il n'avait pas à forcer le passage de ce fleuve. Quant à l'entrée en Piémont par le pont de Buffalora, elle était, au point de vue militaire, moins périlleuse que l'entrée par Pavie. Il fallait, il est vrai, vaincre de front l'armée piémontaise : mais, en cas de non-succès, on trouvait, dans les positions qui dominent le Naviglio, la possibilité d'arrêter la poursuite du vainqueur, et par conséquent d'assurer sa retraite.

Il est à présumer que le général Chrzanowski pesa toutes ces probablités et l'avantage de ces différentes positions, car les troupes piémontaises, le 20 mars, semblent avoir été distribuées de façon à parer à ces deux prévisions d'attaque de l'ennemi, aussi bien que pour faciliter au besoin l'offensive et la marche vers Milan. L'armée piémontaise, de son côté, pouvait choisir entre trois plans de campagne : le premier consistait à marcher par les duchés; le second à attendre l'ennemi; le troisième à pousser droit en Lombardie. Marcher par les duchés, c'était découvrir le Piémont sans arracher la Lombardie à ses angoisses, reculer l'heure de la bataille et rapprocher l'ennemi de ses points d'appui et de retraite.

Attendre l'ennemi, ne pouvait cadrer avec la mission d'une armée libératrice : on pouvait attendre longtemps, l'heure de la délivrance s'éloignant, le découragement pouvait paralyser l'insurrection. On dut donc se décider pour l'offensive, et l'offensive libératrice de Milan. La marche par Buffalora était désignée dès lors comme la manœuvre la plus favorable pour l'accomplissement de ce projet, d'autant plus qu'elle permettait en même temps de tenir une attitude défensive. D'ailleurs, de grandes forces, assurait-on, étaient concentrées à Magenta et à Sadriano, et, de plus, on apprenait que les Autrichiens avaient rappelé toutes les garnisons de la Lombardie et dix mille hommes du duché de Parme, ne laissant que deux à trois mille hommes dans le château de Milan et de très-faibles détachements dans les autres villes. L'armée autrichienne devait présenter en ligne de 60 à 70,000 hommes. Il importait donc de venir en aide à l'insurrection lombarde, et la marche de l'armée piémontaise pouvait en hâter l'explosion.

Concentrée sur le Tessin, le 20 mars, l'armée piémontaise devait présenter un effectif de six divisions, d'une force réelle de 9,000 combattants l'une dans l'autre, plus la brigade commandée par le général Solaroli, plus encore huit quatrièmes bataillons (1), et deux bataillons de bersaglieri (2); la brigade Solaroli comptait près de 4,000 hommes; les huit quatrièmes bataillons 4,800 combattants; les deux bataillons de bersaglieri, environ 1,200 : ce qui donnait une force totale de 60 à 65,000 hommes, dont environ 4,000 hommes de cavalerie, et disposant de 132 pièces d'artillerie. Les forces combattantes qui devaient se rencontrer dans une première bataille étaient donc égales ou presque égales dans les deux camps.

L'armistice ayant été rompu, par les ministres piémontais, sans avis préalable et malgré l'opposition du général Chrzanowski, on n'avait pas eu le temps de rappeler la division du général La Marmora, cantonnée à Sarzana. Cette division dut se porter sur Parme et Plaisance, prête à secourir la brigade d'avant-garde laissée à Castel-San-Giovani pour contenir la garnison Autrichienne; ces deux

(1) Les quatrièmes bataillons étaient des bataillons hors cadre.

(2) Le corps des bersaglieri correspond exactement à ce que nous appelons dans notre armée les chasseurs de Vincennes.

derniers corps formaient un effectif de 12,000 hommes, dont 300 cavaliers, et disposant de 24 bouches à feu. On voit que le total de l'armée piémontaise ne dépassait pas 78,000 combattants. Les 120,000 hommes dont a parlé le ministère démocratique n'ont jamais existé que sur le papier; pour arriver à ce chiffre, on comptait la partie de la garde nationale qui devait être mobilisée, et les 10,000 militaires malades renfermés dans les hôpitaux au jour de la dénonciation de l'armistice, ainsi que les garnisons d'Alexandrie, Gênes, Turin, Chambéry, etc., etc., composées de bataillons de réserve et des dépôts des différents corps.

Ces faits bien établis, voici quelles étaient les positions des troupes piémontaises le 20 mars : à dix heures du matin, la deuxième division, général Bès, occupait Castelnovo et Cerano; — la quatrième division, sous les ordres du duc de Gênes, le pays en avant de Trecate, avec une avant-garde près du pont de Buffalora;—la troisième division, général Perrone, se tenait à Romentino et Galliate; — la première, général Durando (le même qui commandait les troupes romaines à Vicence), autour de Vespolate;—la division de réserve, sous les ordres du duc de Savoie, près de Novara, sur la route de Mortara.—Sur la gauche de ce bloc de cinq divisions, la brigade Solaroli, placée entre Oleggio et Belinzano, pour éclairer ce flanc de l'armée, se trouvait reliée par quatre quatrièmes bataillons placés entre elle et l'armée comme échelon intermédiaire. Sur la droite, la cinquième division, composée des Lombards et commandée par le général Ramorino, remplissait le même office pour le flanc droit et avait ordre de se placer à la Cava, très-bonne position en face de Pavie, derrière le Gravellone. Un échelon intermédiaire de quatre quatrièmes bataillons, placés sous Vigevano, reliait cette division au reste de l'armée.

La mission du général Ramorino était d'observer le débouché de Pavie, de retarder l'ennemi par une résistance plus ou moins longue, selon les forces qui viendraient l'attaquer, et surtout d'avertir, par sa canonnade, de la marche des Autrichiens sur la droite de l'armée. Ce général avait l'ordre de se replier sur Mortara ou sur San-Nazzano, s'il venait à être attaqué par des forces supérieures. On lui enjoignit en outre de bien s'éclairer sur sa gauche et de rendre impraticable le pont de Mezzana-Corte, sur le Pô. La nomination du général Ramorino était due à l'influence des républicains. Il était, au yeux de quelques personnes, un héros victime des pouvoirs despotiques; mais bien d'autres ne voyaient en lui qu'une médiocrité vaniteuse, un homme sans valeur personnelle, et dont le caractère n'offrait aucune garantie. Il est fort regrettable que le général Chrzanowski, s'étant laissé forcer la main, ait consenti à ce qu'une division lui fût donnée. Le Roi lui-même avait la conscience que l'on devait peu se fier à ce personnage; mais Charles-Albert s'appliquait à rester strictement dans son rôle de Roi constitutionnel, et subissait en cela la volonté des partis démagogiques qui professaient pour ce général une admiration singulière. Nous verrons bientôt comment le général Ramorino remplit la mission qui lui avait été confiée.

Placée dans les positions que je viens d'indiquer, l'armée piémontaise offrait à l'ennemi, attaquant par Buffalora, une force de trois divisions, qui se trouvait renforcée, en moins de trois heures, par tout le reste de l'armée, moins la cinquième division. Si, au contraire, l'armée piémontaise prenait l'offensive par Buffalora, elle jettait de l'autre côté du Tessin et sur ce même point une force de plns de cinquante mille hommes en trois heures de temps. Enfin, si l'ennemi débouchait par Pavie, l'armée, avertie par le canon du général Ramorino, se mettait aussitôt en mouvement par le flanc droit; trois de ses divisions venaient coucher, le soir même, entre Romella et Mortara, où elles rejoignaient le général Ramorino; les autres couchaient sous Vigevano et se trouvaient, le 21, à leur poste de bataille, bien avant que l'ennemi pût commencer son attaque.

Le 17 mars, M. Mercier, chargé d'une mission du Gouvernement français arriva à Novare. Il fut immédiatement introduit auprès du Roi. Ses efforts pour dissuader cet infortuné monarque de donner suite à son audacieuse résolution, restèrent sans effet. Le Roi lui répondit qu'il était trop tard pour revenir sur ses pas; que le dé était jeté; qu'il s'était entièrement remis aux mains de Dieu et était prêt à en accepter les arrêts; que, d'ailleurs, c'était à son ministère seul qu'il devait s'adresser, puisque, d'après la nouvelle législation du pays, c'était le ministère qui était responsable. M. Mercier, voyant ses instances inutiles, repartit le 18 au soir.

Le 19 au matin, on annonça au Roi l'arrivée de M. de Salis, attaché à la légation anglaise, chargé également de le dissuader d'entrer en lutte; le Roi ne put s'empêcher de témoigner son étonnement qu'une communication aussi grave de la part du Gouvernement anglais, lui fût transmise par une personne aussi jeune et d'un grade aussi peu élevé dans la diplomatie. Néanmoins, il consentit à recevoir M. de Salis, lorsqu'on lui eut fait observer qu'en refusant de le voir, il pourrait nuire à ce jeune homme dans l'opinion de ses chefs; mais la communication du Gouvernement anglais fut écoutée avec plus de froideur encore que celle du Gouvernement français.

Ces deux messages des Gouvernements français et anglais furent les derniers actes diplomatiques qui précédèrent le dénouement belliqueux de ce long drame.

Le pays qui s'étend de Novara jusqu'au Tessin offre d'abord des terres cultivées; puis, au delà de Trecate, on trouve une vaste lande couverte de courtes bruyères, qui se prolonge jusqu'au sommet de la côte dominant la vallée et le fleuve. Le pont de Buffalora est d'une belle construction en pierres de taille; deux petits pavillons pour les percepteurs du péage sont bâtis à chacune de ses extrémités. Ce pont était barricadé du côté des Autrichiens; trois hussards, placés en vedette, se promenaient sur la route qui, à partir du pont, se dirige en ligne droite vers la douane lombarde, située au sommet d'une montée rapide au delà du Naviglio. On apercevait également une barricade à l'entrée des bâtiments de la douane.

Le 20 mars, à dix heures du matin, le Roi arriva en face du pont, suivi du général Chrzanowski et de tout son état-major. Les troupes le saluèrent à son passage par de vives acclamations. Chacun tourna ses regards vers la rive opposée, sur laquelle on n'apercevait uniquement que quelques patrouilles de cavaliers ennemis. A midi, un frisson général parcourut toute cette masse d'hommes : le signal de la lutte était donné par la cloche même qui sonnait l'heure. Sur les deux rives du Tessin, chacun dut, à ce moment, tourner ses regards vers le ciel et implorer Dieu pour le succès de l'armée piémontaise. La journée était magnifique ; le soleil éclairait les longues lignes de troupes qui s'étendaient sur la bruyère ; la rive lombarde semblait illuminée d'un rayon joyeux à la vue de ce Roi libérateur prêt à marcher sur Milan ; chacun attendait le mot : En avant ! Dans cet instant, tout le monde avait oublié ses secrètes appréhensions, et, pour ma part, je sentis l'espérance rentrer dans mon esprit, ramenée par une de ces circonstances puériles dont l'homme ne peut guère s'empêcher de tenir compte dans les moments les plus solennels. Pendant qu'à l'aide de ma lorgnette, je cherchais à découvrir ce qui se passait sur le rivage ennemi, je fus distrait par une nuée de canards sauvages qui se jouaient au soleil dans les eaux du Tessin ; tous nageaient vers la rive lombarde, puis, au dernier coup de midi, prêts à toucher la rive, ils prirent rapidement leur vol et s'élancèrent dans les airs, disparaissant bientôt dans la direction de Milan. Le souvenir des augures romains me revint à l'esprit ; je me laissai aller au souffle de la superstition, et, joyeux de ce pronostic de victoire, je courus près du fleuve, attendant avec impatience l'ordre de le franchir.

J'aperçus le roi Charles-Albert à pied près du pont ; sa figure exprimait le calme et la satisfaction. Le général Chrzanowski était auprès de lui ; la petitesse de sa taille faisait le plus singulier contraste avec la haute stature du Roi. Ses traits, où le type kalmouk était fortement marqué, annonçaient une nature énergique, et il était difficile de voir le général sans éprouver pour lui un sentiment d'estime qui se changeait, à mesure qu'on le connaissait mieux, en une affectueuse sympathie.

Midi était déjà passé depuis longtemps, aucun mouvement ne se faisait encore remarquer. Le général attendait sans doute que le canon se fît entendre dans la direction de Pavie. Enfin, à une heure et demie, l'ordre fut donné au duc de Gênes de faire une reconnaissance sur Magenta avec toute sa division ; on prescrivit en même temps à la troisième division de se porter au pont de Buffalora pour le soutenir au besoin. Bientôt, une compagnie de bersaglieri se présenta à l'entrée du pont ; le Roi les arrêta du geste et, se mettant le premier à leur tête, marcha intrépidement vers la rive opposée. Il y eut un moment de poignante inquiétude. Peut-être le pont était-il miné, peut-être la rive ennemie était-elle garnie de tirailleurs cachés dans les broussailles et les fossés, et l'intrépide monarque pouvait payer de sa vie cette action téméraire ! Enfin il toucha du pied le sol lombard, et un cri général d'enthousiasme salua l'arrivée du prince dans ses nouveaux états, pendant que les cavaliers ennemis fuyaient à bride abattue vers la douane autrichienne, d'où s'élevèrent aussitôt d'épaisses colonnes de fumée, annonçant un vaste incendie.

Ce passage du Tessin fut magnifique. J'avais été employé, le 18 et le 19, à reconnaître le fleuve, les gués et les avant-postes ennemis, sur toute la ligne ; j'étais déjà très-fatigué ; mais un tel spectacle était bien fait pour me ranimer. Je vis la guerre ouvrir de nouveau sa noble arène, et j'oubliai la faute des hommes qui nous précipitaient si étourdiment dans cette lutte inégale, avec une armée de soldats fidèles, mais sans enthousiasme, et d'officiers vaillants, mais ennemis déclarés d'une lutte qu'ils condamnaient comme entraînant la ruine de leur pays. Je ne vis plus que le glorieux champ d'activité périlleuse qui allait s'ouvrir devant nous.

Quelques instants après, le Roi arrivait à Magenta, dont les habitants se pressaient avec admiration autour de lui, le proclamant le libérateur de l'Italie. L'ennemi avait disparu. A peine quelques coups de fusils furent-ils tirés sur de faibles détachements qui se repliaient rapidement vers Cisliano. A Magenta, nous apprîmes que les Autrichiens avaient évacué, la veille au soir, les positions qu'ils avaient conservées jusqu'alors sur ce point, et qu'ils s'étaient dirigés vers Pavie ou vers Lodi. La route de Milan était donc libre. La quatrième division reçut ordre de rester sur la rive gauche du Tessin, et la troisième, de reprendre sa première position. Le quartier général revint s'établir pour la nuit à Trecate. La disparition des troupes autrichiennes, abandonnant des positions défensives aussi bonnes, était un mystère qui allait bientôt s'éclaircir. En effet, le maréchal Radetzki, après avoir placé son armée de façon à ne pas trahir son plan, fit exécuter, dans la nuit du 19 au 20, à toutes les forces qui bordaient la rive gauche du Tessin, une marche de flanc rapide, et, rappelant à lui ses troupes de Crema et de Lodi, se concentra avec toutes ses forces sur Pavie, prêt à déboucher en Piémont, dès que le terme fatal serait expiré. Vers midi, il jeta un ou deux ponts près de Pavie et marcha sur la Cava avec son avant-garde. Il dut être fort étonné de ne rencontrer aucune résistance : car le général Ramorino, désobéissant aux instructions qu'il avait reçues, au lieu de se porter sur la position qui lui avait été prescrite, avait abandonné, sans donner d'ordres, sur la rive gauche du Pô, un régiment de cavalerie et deux bataillons, dont l'un de bersaglieri commandé par le major Mannara. Ces braves gens, après avoir soutenu un combat de tirailleurs pendant plus de deux heures, durent se retirer devant les forces sans cesse croissantes de l'ennemi. Pendant ce temps, le général s'était mis à l'abri derrière le Pô, avait replié le pont et s'en était allé tranquillement dîner à Stradella.

LA SFORSESCA.

CHAPITRE QUINZIÈME.

LA SFORSESCA.

La nouvelle de la marche des Autrichiens et de l'inqualifiable conduite de Ramorino parvint d'abord, à huit heures du soir, au quartier général par un aide de camp du général Bès, puis, à dix heures, par un officier du général Ramorino lui-même, qui, à ce qu'il paraît, n'avait pas jugé son mouvement assez grave pour en donner avis plus tôt. L'ordre fut, sans retard, expédié au général Fanti de prendre le commandement de la division lombarde, et à Ramorino de se rendre au quartier général. Grâce à la position des troupes, on pouvait espérer que, le lendemain, l'armée serait en mesure, non-seulement de recevoir la bataille en avant de Vigevano, mais même de prendre l'offensive et de culbuter l'ennemi dans le Pô; la deuxième et la première division durent donc se mettre immédiatement en marche : la première, pour la ville de Mortara en avant de laquelle elle devait prendre position sur la route de Pavie; la deuxième, pour la ville de Vigevano, en avant de laquelle elle devait prendre position à la Sforsesca.

On enjoignit aux autres divisions de se mettre en marche, le 21, à la pointe du jour, et de se rendre : la division de réserve à Mortara, la troisième à Gambolo, la quatrième à Vigevano, en suivant la troisième, la brigade Solaroli ayant ordre de se porter au pont de Buffalora. De la sorte, on pouvait compter que, les Autrichiens devant, selon toutes les probabilités, n'arriver en présence des troupes piémontaises que vers onze heures au plus tôt, la deuxième division, avec quatre bataillons laissés sous Vigevano la veille, serait de force à leur résister jusqu'à l'arrivée du reste de l'armée. Quant à Mortara, on pouvait être sûr que l'ennemi n'y parviendrait pas avant trois heures de l'après-midi. On se regardait donc comme en mesure de faire face à tous les événements.

Le 21, à onze heures, le Roi arrivait à Vigevano. Ce prince avait dans son état-major particulier la plupart des mêmes personnes qui l'avaient accompagné pendant la dernière campagne. On voyait près de lui le marquis de la Marmora, prince de Masserano; le marquis Scati, vieillard dont la moustache blanchie et le visage plein de bonté inspiraient le respect ;

les deux frères Robillant, véritables représentants de cette ancienne noblesse piémontaise, toujours présente sur les champs de bataille et habituée à se serrer, dans le danger, près des membres de la maison de Savoie. Le général Giacomo Durando, nouvel aide de camp de Charles-Albert, étant très-malade, suivait dans une voiture avec M. Cadorna, ministre responsable près du Roi. Ce ministre ne paraissait pas, comme le comte Lisio, sur le champ de bataille : ce n'était pas son rôle, et il se soumettait sans effort aux exigences de sa position officielle.

Comme on avait prétendu que l'escorte du Roi n'avait été qu'une gêne pendant la dernière campagne, ce prince, dont l'abnégation personnelle fut si admirable, n'avait auprès de lui que soixante carabiniers, et pour officiers d'ordonnance que deux officiers de cavalerie. Cette suite était bien modeste : mais qu'importait au roi Charles-Albert, pourvu qu'il fût au milieu de ses troupes et le premier à braver les dangers? D'ailleurs, l'état-major général grossissait presque toujours son cortége. Cet état-major avait pour chef le général Alexandre La Marmora; il se composa du général Cossato, sous-chef d'état-major; du colonel Carderino; du colonel Brianski, Polonais; du major Basso; du major de Villa-Marina; des capitaines Battaglia, Martini, Taverna, tous trois Lombards; du duc de Dino, Français; du marquis Ceva; de M. Borson, jeune officier savoyard très-capable; de M. Schemioth, Polonais; du lieutenant Balucanti, Lombard; du prince Czartoriski, fils du noble émigré polonais; enfin, du prince Pio Falco, espagnol, et du comte Vénier, noble de Venise.

Vers une heure de l'après-midi, le canon se fit entendre dans la direction de San-Ciro. Le général Chrzanowski parcourait le terrain, en attendant l'arrivée des troupes; il se porta immédiatement au canon, ordonnant de placer le premier régiment de Savoie, qui venait d'arriver, en arrière d'un profond ravin, à un mille environ de Gambolo. Bientôt, les tirailleurs de la deuxième division, vivement attaqués par les tirailleurs ennemis, se laissent ramener jusque près de la Sforsesca; là, ils reprennent l'offensive, et, soutenus par le reste de la division, ralliés par le colonel Leonetto Cipriani et les officiers de l'état-major du général Bès, ils font reculer l'ennemi, le repoussant jusqu'à San-Vittore, où les troupes reçoivent l'ordre de s'arrêter. Dans cet engagement, les hussards du régiment Radetzki firent une charge brillante, et vinrent sabrer les tirailleurs jusque sous la bouche des canons; mais, chargés par deux escadrons du régiment de Piémont-Royal, ils furent mis en fuite, laissant plusieurs prisonniers entre nos mains, et, parmi eux, un officier supérieur. Le régiment de Piémont-Royal se fit le plus grand honneur dans cette occasion; un aide de camp du général Bès, M. Galli, qui chargeait avec lui, ayant été entouré par quatre hussards et blessé d'une balle à l'épaule, fut dégagé par un seul lancier, qui tua un hussard et mit les trois autres en fuite. Le vingt-troisième régiment, ainsi que son brave colonel, M. Cialdini, se comporta d'une manière digne d'éloges. Le colonel Cialdini est habitué à en recevoir sur le champ de bataille; bien que grièvement blessé à Vicence, pendant la première campagne, de deux balles dont l'une lui traversa le bas-ventre, et, sans être encore guéri de cette cruelle blessure, il n'en marcha pas moins cette fois au premier rang.

Pendant que ce combat avait lieu à notre gauche, le général recevait avis que, les vivres étant arrivés très-tard, la brigade Savone de la troisième division et la quatrième division elle-même ne pourraient pas nous rejoindre avant quatre heures. Ce malheureux contre-temps rendait la position critique : car l'ennemi commençait à déboucher avec des forces imposantes et pouvait, en nous attaquant par Gambolo (que ce retard nous empêchait d'occuper), parvenir à nous tourner, passer entre nous et les deux divisions placées à Mortara, nous accabler et nous refouler sous Vigevano. On ne pouvait plus songer à prendre l'offensive, et on devait se contenter de conserver ses positions, pour être prêt à attaquer le lendemain avec toutes les forces réunies. Déjà il était plus de quatre heures, et la brigade de Savone n'était pas arrivée, lorsque les Autrichiens, mettant quelques pièces en batterie et sortant de Gambolo, s'avancèrent en colonne serrée, avec de grands hurrahs, contre le premier régiment de Savoie, rangé en bataille derrière le ravin et appuyé par six pièces à sa droite et quatre à sa gauche. Le général Chrzanowski s'adressant alors au premier régiment : « Messieurs, dit-il, je vous ai placés ici, et je suis bien sûr que les Autrichiens ne parviendront pas à vous déloger. » Un sourire de bon augure éclaira les mâles visages des braves enfants de Savoie; ils restèrent impassibles sous le feu des tirailleurs ennemis; puis, lorsque, arrivées à cinquante pas, les colonnes autrichiennes étonnées voulurent se déployer, un terrible feu de file s'ouvrit au commandement du général; en même temps, l'artillerie tonna à droite et à gauche : les ennemis prirent la fuite en désordre. Le régiment de Savoie s'ébranla et se jeta à la baïonnette sur les colonnes dispersées. Le soldat voulait poursuivre à outrance; mais le régiment était seul, sans soutien : il eût été imprudent de le laisser s'avancer sans pouvoir lui porter secours. On ordonna aux officiers de reprendre leur première position, et ils ramenèrent de force leurs soldats derrière le ravin. Je me trouvais à la gauche de ce beau régiment lorsqu'il fut attaqué, et je le suivais lorsqu'il vint reprendre sa position. Un soldat me dit : « Mon capitaine, pourquoi ne pas nous laisser prendre Gambolo ? » — « Mon ami, répondis-je, parce que, n'ayant rien pour vous soutenir, on ne peut pas risquer la vie de braves gens tels que vous. » — « Est-ce que Savoie a besoin de soutiens ! » Je fus charmé de cette bravade; une telle assurance est toujours de bon augure au début d'une campagne.

Après ce court, mais rude engagement, le combat se prolongea sur toute la ligne par un feu de tirailleurs assez vif, jusque vers six heures et demie du soir. La brigade Savone et la quatrième division, avec le duc de Gênes, étaient enfin arrivées. L'ennemi avait été contenu dans ses efforts ; on lui avait reconquis plus que le terrain qu'il avait gagné au commencement de l'action. Les troupes s'étaient bien battues ; on les voyait en position de prendre l'offensive dès le lendemain ; chacun était content : les craintes qu'avait trop facilement inspirées l'inexpérience des nouvelles recrues se dissipaient. Nous avions fait plus de deux cents prisonniers; la journée nous paraissait bonne. Aussi, nous comptions, à la pointe du jour, recommencer la bataille et culbuter les Autrichiens qui, serrés dans un triangle dont Pavie était le sommet, entre le Pô, le Tessin et l'armée, devaient, selon toute apparence, éprouver de grandes difficultés pour opérer leur retraite. Nous n'avions pas cessé d'ailleurs d'avoir confiance dans la division lombarde qui, repassant le Pô et débouchant sur les derrières de l'ennemi, pouvait opérer une diversion décisive.

A cinq heures et demie du soir, nous avions entendu une vive canonnade dans la direction de Mortara ; cette canonnade s'était prolongée pendant environ une demi-heure ; j'avais d'abord pensé que c'était le général Durando, qui s'avançait vers nous en repoussant l'ennemi, mais le bruit du canon avait cessé, et on n'entendait plus, dans cette direction, qu'un roulement continuel de mousqueterie. Nous étions sans inquiétude, car nous avions, sur ce point, deux divisions, ce qui donnait dix-huit mille hommes et quarante-huit pièces d'artillerie. Je pensai alors que le général Durando s'était contenté de contenir l'ennemi, ce qui avait dû être facile à un général disposant de pareilles forces et attaqué aussi tardivement. Cependant, ce feu de mousqueterie se prolongeant fort avant dans la nuit, on put craindre qu'un combat acharné n'eût lieu sur ce point et que l'ennemi, masquant sa marche par de vives attaques de flanc pour nous contenir, ne s'y fût porté avec des forces très-considérables. Je revins donc à la Sforsesca, très-inquiet, mais espérant y recevoir quelques nouvelles de notre aile droite.

Je retrouvai le Roi à la Sforsesca. Satisfait de cette première journée, le Roi avait déclaré qu'il bivouaquerait au milieu de la brigade de Savoie. Qu'on se figure un champ de bataille jonché de cadavres, éclairé par l'incendie d'une grande ferme; en arrière, une hauteur où s'est établi le régiment; les armes en faisceaux étincellent aux rayons sinistres de l'incendie et aux feux du bivouac. Dans l'endroit le moins humide, sur quelques lambeaux de toile, est étendu le Roi, enveloppé dans une couverture de laine, la tête appuyée sur un sac de soldat. Autour de lui se tiennent silencieusement ses aides de camp couchés à terre, les uns dormant, les autres plongés dans de cruelles inquiétudes, car tous ont des fils ou des frères à l'armée, et peuvent craindre pour leurs jours. A la tête du Roi, on voit debout, semblables à deux statues, deux valets de pied en grande livrée rouge. Le visage du prince, ordinairement pâle et jaune, est presque livide; sa bouche à chaque instant se contracte et imprime à son épaisse moustache des mouvements convulsifs, tandis que sa main gantée, soulevée par une pensée que n'a pas domptée le sommeil, s'étend par moments vers le camp ennemi, s'agitant et traçant dans l'espace des ordres incompréhensibles, en semblant conjurer quelque esprit invisible. Cette scène ne s'effacera jamais de mon souvenir.

Elle avait, malgré les succès de la journée, un effet saisissant et lugubre qui chassait le sommeil de nos yeux et nous livrait aux plus sombres méditations. Plusieurs sentinelles, appuyées sur le canon de leurs fusils, regardaient avec surprise et curiosité leur Roi ainsi endormi, tandis qu'un de ses officiers d'ordonnance ramenait sur sa poitrine la couverture que, dans ses rêves étranges, il rejetait à chaque instant. Pauvre prince ! peut-être dans ce moment, avait-il l'intuition des fatales nouvelles qui allaient lui parvenir ! Peut-être l'avenir se dévoilait-il à son mâle courage ! ou peut-être que, bercé par la passion qui agitait toute son âme, l'indépendance de l'Italie, il voyait dans ses rêves, l'aigle à la croix d'argent s'abattant sur les sommets des Alpes tyroliennes et déchirant de ses serres l'aigle à double tête !

Vers une heure de la nuit, le capitaine Battaglia et le prince Pio arrivèrent à la Sforsesca ; ils éveillèrent le général Chrzanowski, et lui donnèrent les premières nouvelles de notre droite. La première division, arrivée à Mortara dans la nuit du 20 au 21, avait pris position dans la matinée sur la route de Pavie, à très-peu de distance en avant de Mortara. A partir de midi, elle s'était tenue en bataille, prête à recevoir l'ennemi. La division de réserve arrivait à son tour vers une heure, et se plaçait un peu en arrière de la ville. Il est à présumer que, voyant la journée s'écouler sans que l'ennemi parût, et entendant d'ailleurs la bataille engagée sur la Sforsesca, ces troupes ne croyaient plus à une attaque, lorsque, vers cinq heures et demie du soir, les Autrichiens se montrèrent, mirent une nombreuse artillerie en batterie, et ouvrirent un feu meurtrier sur la première ligne mal protégée par le terrain. Surpris par cette attaque subite, les tirailleurs reculèrent rapidement; un bataillon se débanda à leur exemple, et commença à jeter du désordre dans toute la ligne. Cependant un autre bataillon vint prendre sa place; le combat s'engagea plus régulièrement, et on fit avancer un régiment de la division de réserve qui, en bouchant un vide imprudemment laissé, rendit confiance à la troupe. L'attaque de l'ennemi, protégée par le feu d'une nombreuse artillerie, fut des plus impétueuses. Par malheur, la position choisie par le général Durando offrait le grave inconvénient d'être trop rapprochée de la ville, et d'être coupée en deux par un large canal qui ne permettait que très-difficilement de communiquer d'une aile à l'autre. Vers six heures et demie du soir, l'ennemi, s'étant formé en colonnes d'attaque, se jeta vivement sur la position : les lignes furent culbutées, sans pouvoir se porter mutuellement assistance par suite des empêchements du terrain, et les Autrichiens pénétrètrèrent dans la ville de Mortara pêle-mêle avec nos troupes. L'obscurité était profonde; le combat se continuait corps à corps dans les ténèbres; les officiers cherchaient en vain à reconnaître leurs soldats; des plaintes, des menaces proférées tour à tour en allemand, en hongrois, en italien, se croisaient dans les airs; les équipages même, entassés dans les rues, empêchaient nos troupes d'évacuer cette fatale ville; les soldats piémontais, séparés les uns des autres, s'enfuyaient au hasard au milieu des ombres épaisses de la nuit. En vain le général Alexandre La Marmora, le général Durando, et surtout le duc de Savoie, s'efforçaient de rallier les troupes : la confusion semblait redoubler, et le combat se continuant dans les rues et autour de la ville augmentait l'horreur de cette scène lugubre. Le sang coulait dans les rues, sans que ceux qui le répandaient fussent bien certains d'avoir frappé un ami ou un ennemi. Enfin, vers deux heures du matin, Mortara fut évacuée, mais non sans des pertes sensibles. Près de 2,000 prisonniers et 5 canons restèrent au pouvoir de l'ennemi avec plusieurs caissons et une partie du bagage de la première division. Quelques officiers supérieurs furent tués; le brave général Bussetti fut blessé d'un coup de sabre; un grand nombre de soldats périrent soit par les balles, soit par la baïonnette; mais, mais ce qui diminua surtout la force des deux divisions, ce fut la grande quantité de soldats et d'officiers qui, séparés pendant la nuit de leurs drapeaux, errèrent à l'aventure, et ne purent rejoindre leurs corps qu'après la bataille de Novara (1).

La nouvelle du triste épisode de Mortara fut un coup terrible pour le Roi et le général Chrzanowski, comme

(1) M. le capitaine d'état-major Cordon de Latour se distingua singulièrement par son courage, sa présence d'esprit et son activité, pendant ce malheureux combat de Mortara. S'étant trouvé, la nuit, entouré d'Autrichiens, il sut leur échapper en faisant tour à tour usage de la ruse et de la hardiesse, mais à peine était-il à l'abri, que son cheval tombait mort des coups de baïonnette qu'il avait reçus dans cette mêlée.

pour toute l'armée. Ce désastre ébranlait la confiance que les troupes avaient déjà prise en elles-mêmes, après le combat de la Sforsesca, et détruisait l'espoir que le Roi et le général en chef avaient conçu de livrer bataille le lendemain, en attaquant l'armée autrichienne dans les positions peu favorables où elle se trouvait engagée. Le général Chrzanowski, voyant la campagne compromise, proposa un coup hardi, et que plusieurs de ceux qui l'entouraient regardaient comme pouvant amener de brillants résultats : c'était de marcher, le 22, à la pointe du jour, droit à l'ennemi sur Mortara, de pousser l'attaque à fond avec les 30,000 hommes qu'on avait sous la main, et de risquer ainsi de périr avec toute l'armée, ou bien de culbuter les Autrichiens, de pénétrer jusqu'à la division lombarde puisqu'elle ne voulait faire aucun effort pour venir à nous, quoiqu'elle fût seulement à quelques lieues de distance, et qu'elle eût entendu la vigoureuse canonnade de la journée; puis, renforcé de ces 6,000 combattants, de rallier les deux divisions chassées de Mortara le 21. Cette résolution était bien hardie, il est vrai : mais n'avait-elle pas quelques chances de réussite, et la victoire ne couronne-t-elle pas souvent une impétueuse audace ? Je laisse aux militaires instruits et expérimentés à décider la question.

Cette proposition fut écartée; le Roi l'appuyait ; mais les chefs de corps objectèrent que la nouvelle de l'échec de Mortara, répandue dans l'armée, avait renouvelé le profond dégoût d'une partie des troupes pour cette guerre politique, que les symptômes menaçants reparaissaient, que les munitions manquaient, et qu'il y aurait folie à s'engager dans une entreprise aussi désespérée. C'est alors que le général fit donner l'ordre de la retraite sur Novara, où l'on rallierait, s'il était possible, les divisions débandées et où l'on attendrait l'ennemi. Dans la situation que nous avaient faite la manœuvre négative de Ramorino et le désastre de Mortara, il n'y avait pas d'autre parti raisonnable à prendre.

La manœuvre de l'armée autrichienne avait été pleine d'audace et parfaitement conduite. Pendant que les brigades se déployaient successivement en avançant sur notre gauche, le gros de l'armée, précédé d'une avant-garde commandée par l'archiduc Albert, marchait droit sur Mortara, protégé par de vives attaques destinées à cacher la marche du corps principal. Le succès couronna cette manœuvre, qui eût été déjouée si la mauvaise organisation du service des vivres, retardant nos opérations, n'eût empêché la moitié de la troisième et toute la quatrième division de partir à l'heure prescrite. A chaque instant, le général Chrzanowski envoyait presser l'arrivée de ces troupes, répétant qu'on allait laisser échapper une belle occasion de vaincre facilement les Autrichiens; mais, quelque diligence qu'elles fissent, elles ne purent arriver assez tôt pour permettre de prendre l'offensive, et l'occasion fut perdue. On peut s'étonner aussi que les deux divisions culbutées à Mortara n'aient pu arrêter l'ennemi, après avoir été attaquées aussi tard. Ce qui explique ce fait, c'est la mauvaise position choisie dans Mortara, tandis qu'il s'en offrait une beaucoup meilleure à l'embranchement des routes de Gambolo et de Pavie; puis l'excès de confiance qui fit négliger d'avoir de vigoureux avant-postes échelonnés au loin dans la direction de l'ennemi pour ralentir sa marche et empêcher une surprise. On était persuadé que les colonnes qui s'approchaient ne venaient faire qu'une petite reconnaissance et n'entameraient jamais un combat sérieux.

Si le cruel incident de Mortara eut une action fâcheuse sur le moral des troupes qui, à la Sforsesca, avaient si bien combattu, le mouvement rétrograde sur Novara les affecta plus péniblement encore. Les troupes, malgré le découragement de quelques corps, ne comprenaient pas pourquoi on renonçait à une bataille qu'elles avaient si bien préparée. On ne s'expliquait pas non plus l'inaction de la division lombarde qui, assistant à cette bataille de l'autre côté du Pô, n'avait pas cherché à réparer la faute du général Ramorino, en repassant le fleuve et en attaquant l'ennemi en flanc et en queue pendant sa marche.

NOVARA.

CHAPITRE SEIZIÈME.

NOVARA.

Le 22 mars, à la pointe du jour, nous partîmes pour Novara, où nous arrivâmes le soir, sans avoir été inquiétés dans notre retraite par l'ennemi. Les deux divisions battues à Mortara arrivaient de leur côté sous la ville, et chacun s'apprêta aussitôt à la journée du lendemain, car il était évident que les Autrichiens, tout comme nous, devaient rechercher un engagement décisif. S'étant ouvert les routes d'Alexandrie et de Turin, le maréchal ne pouvait cependant pas s'élancer sur la capitale du Piémont, en laissant sur ses derrières une armée qui, bien que réduite, comptait encore 50,000 combattants et 111 pièces d'artillerie.

De notre côté, nous devions désirer la bataille, car nous n'avions d'autre retraite que vers le lac Majeur ou la Savoie, ce qui nous isolait de notre base d'opération ; et d'ailleurs, il était évident que l'armée, composée en grande partie de recrues et d'hommes mariés, diminuerait chaque jour sensiblement à mesure qu'elle traverserait une plus grande étendue de son propre territoire. En outre, l'ordre était de *risquer le tout pour le tout*; et plus on reculait, plus on éloignait la chance de rallier la cinquième division, plus la disproportion de forces augmentait. La victoire, au contraire, sous les murs de Novara, eût changé complétement la face des choses; elle n'eût peut-être pas produit les résultats considérables qu'eût amenés une victoire obtenue, le 22 mars, à Tromello, parce que l'ennemi avait plus de confiance en lui-même et plus d'espace pour ses mouvements de retraite : néanmoins, on pouvait espérer d'en recueillir encore de grands avantages. Si même l'issue de cette journée restait indécise, on était en droit de croire que le maréchal eût conclu volontiers un armistice; car chaque jour pouvait amener sur ses derrières le général Alphonse La Marmora, qui, ralliant la division lombarde, était maître de franchir le Pô avec un corps de 16 à 18,000 hommes. La paix alors se fût probablement conclue; l'Italie n'eût point obtenu son indépendance; cela est vrai : mais le parti de la guerre, réduit au silence par la force des choses, n'aurait pas poussé l'impudence et l'orgueil, du moins j'aime à le croire, jusqu'à persister dans son erreur, en blâmant le Roi de remettre à d'autres temps l'accomplissement de ses nobles desseins.

Le 23 mars, à cinq heures du matin, le général Chrzanowski présidait à l'établissement des troupes dans les différentes positions qu'il leur avait assignées. La route de Mortara à Novara, par laquelle devait s'avancer l'armée ennemie, rencontre, à environ un mille de Novara, un petit village appelé la Bicocca. Ce village est bâti au sommet d'un côteau, il domine la ville ; après l'avoir quitté, la route court en ligne droite sur un long plateau. De chaque côté de la Bicocca se trouvent deux vallées étroites qui donnent à ce village, du côté de la ville, l'aspect d'un mamelon, et se prolongent sur un espace de quelques centaines de mètres, en remontant doucement vers le plateau qui suit la route de Mortara. Au delà du vallon de droite, s'étend une vaste plaine cultivée autour de quelques chétives masures, et qui se transforme en bruyères environ à trois cents mètres en avant d'une grande cassine appelée la Citadella. Cette plaine est coupée perpendiculairement sur Novara par un canal coulant presque parallèlement à l'Agogna ; un peu au delà, se trouve la route de Vercelli à Novara. Les troupes furent rangées en bataille sur une ligne d'à peu près trois mille mètres de longueur, depuis ce canal jusqu'à la vallée située sur la gauche du mamelon de la Bicocca. Le front de bataille fut formé par trois divisions sur deux lignes.

La première division, formant l'aile droite, appuyait son

extrême droite au canal, un peu en arrière d'une grande cassine appelée Nuova-Corte. Elle avait une demi-batterie de 4 pièces à son extrême droite, une batterie de huit pièces au centre et une autre batterie de 8 pièces à son extrême gauche.—La deuxième division, formant le centre, continuait la ligne en avant de la Citadella. Cette division avait 16 pièces en batterie au centre de sa ligne de bataille.— La troisième division formait l'aile gauche, et occupait la position de la Bicocca. Cette division avait 14 pièces en batterie sur la gauche du chemin de Novara, dans une position avantageuse, qui lui permettait de balayer par le feu de son artillerie la route et le plateau; plus 2 pièces sur la route elle-même. — Quatre quatrièmes bataillons furent envoyés à l'extrême droite pour appuyer le flanc de la première division, et quatre quatrièmes bataillons, avec deux bataillons de bersaglieri, furent chargés d'appuyer le flanc gauche de la troisième division ; les bersaglieri occupèrent le vallon situé à l'extrême gauche de la ligne, parce qu'il n'était pas praticable pour des masses.—La division de réserve se rangea en colonnes en arrière de l'aile droite, près de la ville et de la route de Vercelli, qu'elle faisait éclairer continuellement par de fortes reconnaissances de cavalerie.—La quatrième division, également en colonnes, se plaça en avant du cimetière de Novara, derrière l'aile gauche. — La brigade Solaroli vint s'établir en arrière de Terdossio, sur la route de Trecate, qu'elle avait mission d'observer, pouvant de là s'employer utilement pour soutenir la quatrième division. Cette brigade avait une batteie d'artillerie (les batteries piémontaises sont de 8 pièces).

L'armée piémontaise, considérablement réduite par l'absence de la division lombarde, les malades, les blessés, les prisonniers perdus à Mortara, et les soldats égarés pendant la nuit du 21 au 22, comptait encore un effectif de 76 bataillons, donnant 44,000 combattants, 36 escadrons formant un effectif de 2,500 chevaux, et 111 pièces d'artillerie. Ainsi, sur un champ de bataille d'environ trois mille mètres, cette armée pouvait présenter 16 hommes par mètre, proportion qui ne fut jamais dépassée dans les batailles livrées en ordre profond jusqu'à ce jour.

A neuf heures et demie, toute l'armée était à son poste, et, à onze heures, le Roi, monté sur un magnifique cheval noir, sortait du palais, suivi de tout son état-major, pour aller inspecter les positions, lorsque le bruit du canon annonça la présence de l'ennemi. Aussitôt, ce prince partit au galop, et arriva au sommet de la colline couronnée par la Bicocca, salué de nombreux cris de : *Vive le Roi!* par les troupes placées sur son passage.

L'attaque de l'ennemi était vive, et le feu de son artillerie balayait la route et toute la hauteur de la Bicocca. Un peu au delà de l'église de ce village et sur la droite de la route, se trouve un petit champ derrière une cassine. Ce fut en cet endroit que le Roi s'arrêta, près de la première ligne. A peine venait-il d'arriver, que les tirailleurs ennemis, refoulant vigoureusement les nôtres, firent pleuvoir une grêle de balles sur ce petit champ. Un carabinier, placé à quelques pas du Roi, tomba frappé mortellement; la première ligne ouvrit un feu de file, l'artillerie tira à mitraille. Le régiment de Gênes-cavalerie fit une charge brillante, et l'ennemi fut repoussé. Pendant ce temps, l'attaque s'étendit sur toute la ligne, principalement sur notre gauche et notre centre.

D'après le plan adopté, par lequel la moitié des forces disponibles était rangée en bataille et l'autre moitié tenue en réserve, l'intention du général Chrzanowski me paraît avoir été de fatiguer l'ennemi en le laissant se consumer en efforts contre notre front de bataille, puis de reprendre l'offensive à son tour après quelques heures de combat, et de le culbuter s'il était possible. Au bout de trois quarts d'heure environ, l'attaque se renouvela avec plus de vigueur encore; la première ligne, composée de la brigade de Savone, recula; deux cassines, situées à droite de la route en avant de la Bicocca, furent emportées; on fit avancer la seconde ligne. Le régiment de Savoie passa devant le Roi, et, se précipitant sur l'ennemi, le repoussa avec vigueur. Pour lui venir en aide, le colonel Carderino, de l'état-major, s'avança avec un escadron de Gênes-cavalerie, et fit une charge couronnée de succès.

Bien que l'ennemi fût repoussé, le combat d'artillerie et de tirailleurs n'en continua pas moins vivement; on se vit même obligé de faire revenir en ligne la brigade Savone pour aider le régiment de Savoie à se maintenir. Le général Perrone, vieux vétéran qui, par ses services, avait su reconnaître noblement l'hospitalité de la France, semblait rivaliser d'audace avec le Roi et ne quittait pas ses tirailleurs, qu'il encourageait de ses conseils et de son exemple. Le général Chrzanowski, toujours à côté du Roi, suivait de l'œil les incidents de la bataille, donnant ses ordres avec le plus parfait sang-froid et ne quittant le prince que pour se porter sur tous les points où sa présence lui semblait le plus nécessaire. Le point de la Bicocca était la clef de la position : aussi l'ennemi portait-il ses principaux efforts contre ce village.

Vers deux heures et demie, l'artillerie autrichienne redoubla son feu, et les colonnes ennemies s'avancèrent de nouveau, refoulant tout devant elles. Elles pénétrèrent jusque sur le mamelon qu'occupait le Roi avec tout l'état-major; une trentaine de hongrois apparurent à l'angle de la cassine; mais, surpris peut-être de se trouver en présence de ce groupe d'officiers, ils restèrent un instant indécis et furent aussitôt enveloppés et faits prisonniers. Le duc de Gênes entra alors en ligne avec une de ses brigades, et, après un combat acharné, la position fut reprise une seconde fois. Pour riposter au feu meurtrier de l'ennemi, on fit avancer une batterie de renfort, puis, une demi-heure plus tard, une seconde batterie, ce qui porta à 32 pièces le nombre de bouches à feu qui furent employées sur ce point. L'espace rétréci de cette partie de la position et la configuration du terrain ne permettaient pas d'en placer davantage. Nous apprîmes des prisonniers que le jeune général qui nous attaquait avec tant d'impétuosité était ce même archiduc Albert qui commandait à Mortara le 21.

Le combat s'était ralenti sur le reste de la ligne; il était évident que tous les efforts des Autrichiens étaient dirigés contre la Bicocca. Voyant qu'il ne réussissait pas sur la droite de cette position, l'ennemi chercha à la tourner en même temps par la gauche, et tout le mamelon fut couvert d'une pluie de projectiles, tandis que le reste de la ligne de bataille était tenue en respect par un combat de tirailleurs et d'artillerie.

Au plus fort de l'action, les officiers généraux de la suite du Roi rivalisèrent d'énergie avec les officiers d'état-major du général Chrzanowski pour encourager les troupes, raffermir les soldats ébranlés, et porter les ordres. Le colonel Brianski prodiguait son active intelligence sur tous les points; le vieux marquis Scati voyait son chapeau traversé par une balle, et, au moment où il y portait la main, un éclat d'obus le lui emportait; alors ce vieux guerrier, mettant un mouchoir autour de sa tête, tirait son épée et chargeait avec la cavalerie. On peut dire sans exagération que, sur ce point, la suite du Roi et l'état-major général firent preuve de la plus entière abnégation et du plus admirable héroïsme.

Le Roi promenait ses regards sur la scène imposante qui se déroulait devant lui; de temps à autre il consultait des yeux le général Chrzanowski qui, voyant cette nouvelle attaque repoussée, parut lui donner bonne espérance. Dans cet instant, un soldat du train arrive à cheval, poussant devant lui deux prisonniers; il s'arrête devant le Roi, lui dit, encore tout enivré du combat : « *Maesta, son io che ho fatto questi due prigionieri!.... Ah! Misericordia!...* »

et il tombe frappé à mort d'une balle qui, sans lui, allait atteindre le Roi en pleine poitrine.

Presque au même instant, on voyait passer le général Perrone porté par quatre soldats; ce brave vieillard était frappé mortellement d'une balle à la tête. En voyant ce général tomber, les troupes manifestèrent quelque hésitation; l'ennemi en profita, et bientôt on le vit, refoulant nos tirailleurs, s'avancer de nouveau sur la Bicocca. La brigade de Cuneo arriva alors, ainsi que deux bataillons pris à la deuxième division par le colonel Brianski, et l'ennemi ne put accomplir son projet. Je fus chargé de reprendre des cassines situées en avant de la Bicocca, avec deux bataillons des chasseurs de la garde. Malgré le feu meurtrier de l'artillerie ennemie, qui prenait en enfilade la petite vallée de droite que nous devions suivre, ces braves soldats s'avancèrent jusqu'au débouché de la vallée, puis s'élançant à l'assaut avec la plus grande impétuosité, parvinrent à débusquer l'ennemi malgré la plus énergique résistance; mais, à chaque instant, le feu de l'artillerie devenait plus meurtrier. Déjà, nous avions dépensé la plus grande partie de nos réserves, et on commençait à douter que nous pussions nous maintenir en position, lorsque les Autrichiens, faisant un nouvel effort, nous refoulèrent une troisième fois et nous forcèrent à faire entrer en ligne la deuxième brigade de la quatrième division. Le duc de Savoie avait amené lui-même la brigade de Cuneo au feu, et le duc de Gênes, qui n'est jaloux de son frère que lorsqu'il s'agit d'exposer sa vie, prodiguait vaillamment sa brillante jeunesse. Le Roi regardait avec orgueil ces deux jeunes princes, héritiers de son courage martial, qui semblaient, comme lui, décidés à donner leur vie pour le triomphe des armes piémontaises. Hélas ! tant de valeur, tant d'abnégation devait être inutile, et le sang le plus noble du Piémont devait couler sans profit pour la cause italienne !

La mort du général Passalaqua vint priver l'armée d'un de ses chefs les plus braves. Les paroles qu'il prononça quelques instants avant de mourir donneront une idée parfaitement exacte de l'esprit qui animait l'armée, et feront juger ses calomniateurs. Le général causait avec ses officiers, lorsqu'il reçut l'ordre de se porter en avant : « Messieurs, leur dit-il, vous savez qu'étant en retraite, je « pouvais me dispenser de servir. Vous savez que je « n'approuve pas cette guerre, et que je suis peu partisan « des idées nouvelles ; mais je désire que tous les parleurs « qui nous gouvernent actuellement fassent leur devoir « comme je saurai remplir le mien. » Un quart d'heure plus tard, il tombait frappé à mort en avant de sa brigade.

Voyant que les attaques de l'ennemi contre la Bicocca, loin de se ralentir, devenaient de plus en plus vives, le général en chef envoya, vers cinq heures, ordre à la deuxième division de prendre l'offensive pour faire une diversion, enjoignant en même temps à la première division d'appuyer le mouvement de la deuxième. Aussitôt, les généraux Bès et Durando s'avancèrent droit à l'ennemi ; mais, tandis que ce mouvement s'exécutait, nos rangs éclaircis se débandaient ; les Autrichiens s'emparaient définitivement de la

Bicocca, et l'aile gauche reculait jusque sous les murs de la ville. Bientôt après, le centre, pris en flanc, dut battre en retraite. En même temps, l'aile droite, attaquée de flanc, se retirait à son tour, soutenue par un régiment de la garde et une batterie d'artillerie légère, amenée à son secours par le duc de Savoie.

Ce fut donc le succès de l'ennemi sur notre gauche qui décida la perte de cette sanglante et honorable journée, et entraîna la retraite de notre centre, qui marchait en avant, puis de notre droite, qui, découverte sur sa gauche par ce mouvement de retraite du centre, se vit un instant exposée à être prise en flanc des deux côtés. Il était six heures du soir; l'ennemi ouvrait le feu de batteries postées sur la position que nous venions d'abandonner. Plusieurs pièces, placées sur les bastions de la ville, et en avant de la porte de Mortara, cherchaient à retarder sa marche. Le duc de Gênes, qui avait eu trois chevaux blessés sous lui, se mit à la tête de quelques bataillons, et se jeta de nouveau dans la mêlée; mais les soldats, fatigués, ne se sentirent pas disposés à renouveler une lutte qu'ils regardaient comme désespérée. Le Roi, grave, abattu, mais impassible, revenait au pas vers la ville, s'arrêtant souvent, comme le lion poursuivi par les chasseurs semble défier encore ses ennemis. Le général Chrzanowski, fidèle à ses devoirs jusqu'au dernier instant, ne quittait pas l'arrière-garde, et cherchait encore à prolonger la lutte, alors même qu'elle était sans espoir. Au moment où le Roi allait rentrer en ville, un jeune officier d'artillerie passa près de lui en criant : *Vive le Roi!* Puis, s'approchant du comte de Robillant, il lui dit d'une voix ferme : « Es-tu blessé, père?»—«Non, et toi?»—«Moi, j'ai la « main emportée ! » Le comte de Robillant pâlit ; mais se raffermissant sur sa selle : « Eh bien ! console-toi, mon « fils, tu as fait ton devoir ! » Une heure plus tard, le pauvre Charles de Robillant supportait courageusement l'amputation du bras. J'ai cité la mâle réponse du comte de Robillant, car elle est un trait de plus qui peint les hommes contre qui s'acharne chaque jour la presse démagogique italienne.

Le Roi, déjà près de la ville, me vit passer. « Quelles nouvelles? me demanda-t-il. — « Tristes, Sire ! » Cependant un boulet vient atteindre l'escorte royale et couche plusieurs soldats à terre. Les chevaux se cabrent ; l'escadron se débande. Quelques instants après, je me retrouve auprès du Roi. « Au moins, dit ce malheureux prince, l'honneur de « l'armée est sauf ! (1) » Et plus tard : « La mort n'a pas

---

(1) Ne voulant pas arrêter la marche de ce récit, j'ai cru devoir passer sous silence une partie de ma conversation avec le Roi. Je la complète dans cette note, pour deux raisons :

La première et la principale, c'est qu'elle est une preuve que le Roi Charles-Albert savait être un véritable ami dans toute la délicatesse du mot.

La seconde, c'est que, dans un ouvrage où je rapporte tant de particularités qui me furent personnelles, je crois qu'il y aurait une fausse modestie de ma part à en omettre une, qui fut pour moi un honneur et une récompense.

Après m'avoir fait diverses questions sur l'état des choses, le Roi me dit, en contemplant avec tristesse le champ de bataille : « Je vois bien

« même voulu de moi ! » ajouta-t-il avec une expression de profonde amertume.

A sept heures, la nuit était venue; la mousqueterie se faisait encore entendre. Le Roi avait fait appeler M. Cadorna, ministre responsable, tandis qu'il était encore sur les remparts, et, lui montrant le champ de bataille, lui avait dit de se rendre au camp ennemi avec le général Cossato, et de demander un armistice. En voyant l'aspect du champ de bataille, ce ministre, pâle et abattu, comprit peut-être enfin quelle responsabilité pesait sur lui et ses collègues; il partit aussitôt pour le camp autrichien: mais, cette fois, le

---

que tout est perdu ! »—« Je le crains, Sire, mais, du moins, Votre Majesté peut dire comme François Ier, *fors l'honneur.* »

Il tourna les yeux sur moi, et me tendant la main : « J'espère que vous direz à votre père, que vous avez été content de moi aujourd'hui. Cela le consolera du malheur de mes armes. » Je saisis avec une respectueuse émotion cette royale main ; un léger tremblement de ses doigts trahissait, seul dans toute sa personne, les cruelles angoisses de son âme. «J'aurais voulu, ajouta-t-il, faire davantage pour vous, le temps m'a manqué ; vous m'avez bien servi, je vous en fais mes remerciements. »

J'étais trop ému pour pouvoir répondre sur-le-champ à tant de bonté, je m'inclinai sur ma selle, puis, après quelques instants, comprimant mon émotion, je repris : « En me tendant sa main en face de toute l'armée, et dans un tel moment, Votre Majesté vient de faire pour moi plus qu'elle n'eût jamais pu faire dans des temps plus prospères. Je demanderai une nouvelle grâce au Roi, c'est de me dire si je puis encore lui être bon à quelque chose. » — « Tâchez, me répondit-il, de rejoindre le général en chef, et aidez-le de vos efforts pour sauver l'armée. »

Je m'inclinai et partis aussitôt, sans avoir le courage de regarder une dernière fois ce prince que désormais je ne devais plus revoir.

vainqueur voulait faire sentir toute sa puissance et peut-être s'assurer de la trempe plus ou moins romaine du ministère démocratique. Ses conditions étaient dures, et il dut comprendre toute la portée de son triomphe par l'attitude du ministre avec lequel, du reste, il refusa nettement de traiter. Le général Cossato, qui, pour dépenser moins de paroles belliqueuses que les orateurs du palais Carignan, n'en était pas moins prêt à exposer noblement sa vie pour l'honneur de son drapeau, refusa de passer ainsi par la loi du vainqueur avant d'avoir pris les ordres du Roi. Il revint à Novara, et, après avoir exposé le résultat de sa mission, il attendit de nouvelles instructions. En voyant les malheurs dans lesquels son dévouement à la cause de l'Italie avait entraîné le royaume de ses pères, le Roi n'hésita pas à consommer un dernier sacrifice. Il fit appeler les princes, les généraux, le ministre Cadorna, et, d'une voix lente mais ferme, leur dit ces paroles, que l'histoire doit recueillir : « Messieurs, je me suis sacrifié à la cause italienne ; pour « elle j'ai exposé ma vie, celle de mes enfants, mon trône ! « je n'ai pas réussi. Je comprends que ma personne pourrait « être aujourd'hui le seul obstacle à une paix désormais « nécessaire ; je ne pourrais pas d'ailleurs me résoudre à la « signer. Puisque je n'ai pas pu trouver la mort, j'accom- « plirai un dernier sacrifice à mon pays. Je dépose la cou- « ronne, et j'abdique en faveur de mon fils, le duc de Savoie. »

Puis, le Roi embrassa affectueusement chacun des assistants et se retira dans sa chambre, après avoir fait un dernier signe d'adieu du seuil de la porte.

Une heure plus tard, Charles-Albert s'éloignait seul, sans permettre à aucun de ses officiers de le suivre dans l'exil auquel il s'était volontairement condamné, sans même dire vers quels lieux il portait ses pas ; mais qu'importe la contrée où cet infortuné monarque fixera sa résidence ! Le respect des populations suivra partout le héros de l'indépendance, le martyr de la révolution italienne.

Une dernière aventure attendait, sur le sol piémontais, le roi déchu et fugitif. Le soir même de la bataille, les Autrichiens, campés dans les environs de Novarre, avaient interrompu les communications entre cette place et Vercelli, et avaient établi sur la route deux pièces d'artillerie braquées dans la direction de la ville. Un fort piquet d'infanterie veillait près de la batterie, et une sentinelle avancée observait la route. Vers minuit, un bruit de roues se fait entendre dans le lointain ; on avertit le capitaine de garde que des pièces d'artillerie piémontaises semblent se diriger de ce côté. Aussitôt, il fait allumer les mèches, ordonne de charger à mitraille et de tirer dès qu'on sera à bonne portée. Cependant, le bruit devient plus distinct ; les soldats apprêtent leurs armes, les canonniers immobiles sont à leur poste. Enfin, au détour de la route, on voit poindre une lumière qui s'avance rapidement.

— « Mon capitaine, dit le sergent d'artillerie, ce n'est point de l'artillerie, c'est une voiture. »

On regarde attentivement, et, en effet, on distingue bientôt une voiture attelée de quatre chevaux de poste qui roule à fond de train sur la chaussée. Aussitôt, le capitaine suspend son premier ordre et s'avance avec une patrouille. Il arrête le postillon, s'approche de la portière et demande le nom du voyageur.

— « Je suis le comte de Barge, répond celui-ci, qui était seul dans la voiture; je suis colonel piémontais, j'ai donné ma démission après la bataille, et je retourne à Turin. »

— « Monsieur le comte, vous m'excuserez, mais je ne puis vous laisser passer ainsi ; il faut que vous me suiviez chez le général : il est ici, à quelques centaines de pas. »

— « Comme vous voudrez, monsieur ; je suis à vos ordres. »

Et la voiture, escortée de quelques hussards, se dirige vers le petit château servant pour le moment de quartier général au comte de Thurn. L'officier monte et prévient le général qu'un comte de Barge, se disant colonel piémontais, vient d'être arrêté, se rendant à Turin, et qu'il attend en bas dans la voiture.

— « Qu'on le fasse monter, dit le général, et qu'on fasse venir le sergent de bersagliere que nous avons fait prisonnier ; si ce soldat le reconnaît, vous le laisserez passer; sinon, vous le retiendrez prisonnier. Qu'on m'avertisse, en tout cas, de ce qui se sera passé. »

En effet, le comte de Barge monte dans l'antichambre, et le bersagliere est mis en sa présence.

— « Reconnaissez-vous le comte de Barge, colonel piémontais? »

— « Non, je ne connais pas ce nom-là dans l'armée. »

— « Regardez bien. »

Le bersagliere s'approche, regarde fixement le voyageur, et reste interdit. Le comte lui fait un signe du regard.

— « Ah! oui, certes, je le reconnais bien, monsieur le comte de Barge, s'écrie le bersagliere; parbleu! il était près du Roi pendant toute la bataille. »

Le comte lui fait un signe de la main, le bersagliere s'éloigne, et le voyageur, s'avançant vers la porte, dit à l'officier.

— « Je suppose, Monsieur, que rien ne s'oppose plus à mon départ? »

— « Pardon, colonel, mais M. le général de Thurn me charge de vous prier de prendre une tasse de thé avec lui. »

Le comte accepte, entre chez le général, qui, après des excuses polies sur les rigueurs auxquelles la guerre le condamne, entame la conversation : on parle de la bataille; le comte rappelle tout ce qui s'est fait, du côté des Piémontais; le général raconte tout ce qui s'est passé du côté des Autrichiens, puis ajoute :

— « Pardonnez-moi, monsieur le comte, mais je m'étonne qu'un homme aussi distingué que vous me semblez l'être soit si peu avancé dans l'armée. »

— « Que voulez-vous? je n'ai jamais été heureux; je n'ai pas réussi. Aussi, après la bataille, voyant la carrière militaire désormais sans avenir pour moi, j'ai donné ma démission du grade que j'occupais. »

La conversation se prolonge quelque temps sur ce ton,

puis le comte de Barge prend congé du général autrichien, qui le reconduit jusqu'à sa voiture. En remontant l'escalier, le général de Thurn, s'adressant à ses aides de camp, leur dit :

— « Le comte de Barge est vraiment un homme entraînant par son esprit et ses bonnes manières. Je ne l'aurais pas cru militaire ; il me faisait plutôt l'effet d'un diplomate. Qu'en dites-vous ? »

— « Nous sommes de votre avis, général ; mais voici le bersagliere, il pourra peut-être vous dire l'emploi qu'occupait ce colonel à la Cour de Turin. Eh ! l'ami, quel est ce comte de Barge qui vient de nous quitter ? »

— « Le comte de Barge, Messieurs, est le Roi Charles-Albert. »

— « Le Roi ! »

— « Messieurs, reprend le comte de Thurn après quelques instants de silence, Dieu protége l'Autriche ! Que n'eût pas dit le monde si, par une fatale méprise, la batterie eût fait feu sur cette voiture et que ce malheureux prince eût été frappé, comme cela paraissait inévitable ! On aurait dit qu'ennemis aussi implacables que perfides, nous avions assassiné le roi Charles-Albert dans un lâche guet-apens. Remercions Dieu de nous avoir épargné ce malheur, et félicitons-nous d'avoir pu voir et apprécier de si près notre héroïque adversaire ! »

Les événements militaires que je viens de raconter portent en eux-mêmes des renseignements qu'il est presque inutile de faire ressortir. La campagne de 1849, étourdiment conçue sous l'empire d'une excitation factice, ne pouvait aboutir qu'à une catastrophe. L'armée piémontaise est excellente; elle survivra à sa défaite; mais, au moment d'entrer en ligne, il lui manquait la confiance. Ses cadres avaient été précipitamment remplis; son instruction était incomplète; elle n'avait d'entier que sa valeur, l'héroïsme de son Roi, l'énergie mâle et résignée de ses officiers. Elle a été vaincue fatalement. Les plans les plus habiles, les combinaisons les plus savantes n'y auraient rien fait. Le plan du général Chrzanowski, tant blâmé, était le seul qu'on pût adopter dans les circonstances critiques où l'on se trouvait avec la nécessité de marcher en avant, de pousser droit à l'ennemi, et coûte que coûte. Une fois en ligne, le général Chrzanowski a déployé une rare décision, un sang-froid imperturbable, de grandes ressources d'esprit et de science; il a tiré de l'armée piémontaise tout ce qu'elle pouvait donner à cette folle guerre. Il suffit de rappeler le chiffre des hommes mis hors de combat du côté des Autrichiens, pour se convaincre que l'armée piémontaise n'a pas cédé le terrain sans résistance. Ce chiffre s'élève à près de 3,500 hommes tant tués que blessés, pendant la courte campagne de Novara, parmi lesquels plus de 150 officiers. Certes, une armée qui, livrée à toutes les causes de découragement et de désorganisation, a encore le bras assez fort pour frapper de tels coups, cette armée mérite l'estime du monde. Ce n'est rien d'être vaincu pour un pays vivace et fort, qui peut en appeler à chaque instant de la défaite d'aujourd'hui à la victoire de demain. C'est beaucoup de conserver l'honneur; celui de l'armée piémontaise est sans tache.

Quant à la cause principale de ce désastre, elle n'a qu'un nom, mais ce nom dit tout : elle s'appelle la *démagogie*. Livré à ses inspirations, le Roi Charles-Albert n'aurait pas été placé dans cette alternative fatale de combattre ou de tomber du trône, de vaincre ou d'abdiquer. Il aurait combattu à son jour, à son heure ; et, s'il eût été vaincu, il eût gardé du moins le prestige d'un roi et le crédit d'un négociateur. La démagogie l'a sacrifié à sa précipitation, pleine à la fois d'imprudence et de couardise; et aujourd'hui, elle lui tresse des couronnes ! La démagogie aime fort les Rois... quand ils s'en vont !

FIN.

TABLE DES MATIÈRES.

www.ingramcontent.com/pod-product-compliance
Ingram Content Group UK Ltd.
Pitfield, Milton Keynes, MK11 3LW, UK
UKHW020159250726
13967UKWH00003B/1158

9 782013 442015